Peter Zulehner

●

Navigieren im Auge des Taifuns

Peter Zulehner

Navigieren im Auge des Taifuns

Die Kunst des Führens leicht gemacht

Bibliografische Information Der Deutschen Bibliothek

Die Deutsche Bibliothek verzeichnet diese Publikation in der Deutschen Nationalbibliografie; detaillierte bibliografische Daten sind im Internet über http://dnb.ddb.de abrufbar.

ISBN 978-3-7093-0297-2

Es wird darauf verwiesen, dass alle Angaben in diesem Buch trotz sorgfältiger Bearbeitung ohne Gewähr erfolgen und eine Haftung des Autors oder des Verlages ausgeschlossen ist.

Der besseren Lesbarkeit wegen hat der Autor bewusst auf Genderformulierungen verzichtet.

1210 Wien, Scheydgasse 24, Tel.: 01/24 630
www.lindeverlag.at
www.lindeverlag.de

Umschlag: einfach[creativ] grafikdesign,
Manuela Askamp,
www.einfachcreativ.de

Druck: Hans Jentzsch u Co. Ges.m.b.H.
1210 Wien, Scheydgasse 31

Inhalt

Vorwort

Unser geschäftliches Umfeld, unsere Führungssituation und unser beruflicher Alltag beschleunigen heute in einem Ausmaß, das kaum mehr manövrierbar ist. Stellen Sie sich die Wetterkarte Ihres TV-Gerätes vor, auf der Hoch- und Tiefdruckgebiete, Wolkenbänder und zu bestimmten Jahreszeiten Wirbelstürme, Taifune und Hurrikane abgebildet sind. Wir befinden uns in solch einem Taifun: Er nimmt ständig an Windstärke zu, nichts kann mehr schnell genug gehen, das ganze Geschehen dreht sich, wir werden ständig durcheinandergewirbelt. Denken Sie nur an Aktienkursentwicklungen oder an Wechselkurse einzelner Währungen! Etwas, das Sie vor einer Stunde noch als gegeben angenommen haben, ist jetzt schon wieder ungültig und Sie stehen vor einer völlig neuen Situation. Wie schnell sich die Welt inzwischen dreht, lässt sich an der Tatsache ablesen, dass selbst Veränderungen am Rohstoffmarkt unmittelbar auf den Konsumenten durchschlagen, und zwar in Form von mehrmaligen Benzinpreisänderungen an einem einzigen Tag.

Was, um ein anderes Beispiel zu nennen, bis vor wenigen Jahren nicht bis Montag um 18 Uhr in der Zeitungsredaktion vorlag, schaffte es als Meldung nicht vor Mittwoch derselben Woche in das Blatt. Heute ist es einerlei, was wann in den Redaktionen ankommt. Es steht eine halbe Stunde später im Internet – für die ganze Welt abrufbar. Es ist noch nicht lange her, da war man bei einer längeren Anfahrt zu einem Termin allein, konnte von niemandem erreicht werden – weder per Telefon noch via Blackberry, noch per Computer. Die Leserinnen wissen, dass es heutzutage kaum eine Handtasche gibt, in die das gesamte elektronische Equipment passt, das man für ein Meeting außerhalb des Büros benötigt. Man soll telefonisch erreichbar sein, seine E-Mails empfangen können, man soll in der Lage sein, Kurznachrichten und Mails zu verfassen und eine Präsentation oder sonstige Unterlagen kurzfristig zu korrigieren und auszudrucken. Fragen Sie sich nicht auch manchmal, wie unsere Eltern und

Großeltern es bewerkstelligt haben, ihre Freizeit zu koordinieren, ihre Termine abzustimmen und ihren beruflichen Alltag zu bewältigen?

Unser Berufsalltag als Führungskraft hat sich in einer Art und Weise beschleunigt, dass er am besten mit einer Kombination aus „Schreibtisch-Taifun" und „Meeting-Hurrikan" beschrieben werden kann. Zusätzliche Einflüsse, wie zum Beispiel wirtschaftlich schwierigere Zeiten, erhöhen die Windgeschwindigkeit „unseres" Taifuns noch einmal. Und anstatt auf die Bremse zu treten, glauben wir Manager, es gehe alles weiter wie bisher und wir könnten bei Windgeschwindigkeiten von bis zu 200 Stundenkilometern immer noch den Überblick behalten, uns aus großer Entfernung Anweisungen und Informationen zurufen und davon ausgehen, dass auch unsere Mitarbeiter alles mitbekommen. Der Taifun wird sich nicht darum kümmern, ob jemand von uns eine kurze Bedenkzeit braucht, um zum Beispiel eine Entscheidung zu treffen, sondern mit unverminderter Geschwindigkeit über das Land (i. e.: Berufsalltag) ziehen.

Aber selbst inmitten eines Taifuns gibt es einen Rückzugsort – das Innere des Taifuns, das Auge. Denn dort ist es weitgehend windstill, dort herrscht vergleichsweise Ruhe. Genau darum geht es auch in der Führungsarbeit: Um Entscheidungen zu treffen, sollte man sich aus dieser Hektik herausnehmen, innehalten und sich in Ruhe fragen: „Wie geht es jetzt weiter? Was ist nun zu tun?" Und genau das habe ich getan: Nach 30 Jahren Berufstätigkeit habe ich eine berufliche Pause eingelegt und mich in das Auge des Taifuns zurückgezogen, um unter anderem in Ruhe mein Buch zu schreiben, meine Erfahrungen weiterzugeben und mir Gedanken darüber zu machen, wie meine nächsten zehn Berufsjahre aussehen sollen.

Wie die meisten angehenden Führungskräfte habe auch ich in meinen ersten Jahren als Vorgesetzter darüber nachgedacht, wie ich denn Führung anlegen würde. Zu Beginn meiner Berufstätigkeit suchte ich immer nach „Rezepten" und nach strukturierten, definierten Vorgehensweisen, was mich jedoch auf keinen grünen Zweig brachte. Ich verwarf diese Gedanken und entschied, einfach ich selbst zu sein und mich nicht zu verstellen. Denn ich war seit jeher von der Macht der Authentizität überzeugt. Ich habe und hatte das große Glück, meine Berufung leben zu dürfen und überwiegend meinen Fähigkeiten entsprechend arbeiten zu können. Daher war es mir ein Anliegen, meine Erfahrungen weiterzugeben.

Es heißt, dass jeder von uns mit bestimmten Begabungen auf die Welt kommt. Wenn ich heute zurückblicke und mich auf die Suche nach meinen eigenen Begabungen mache, war ich schon immer ein begabter Redner und jemand, der es leicht verstanden hat, seine Umgebung zum Zuhören zu bewegen und mit seinen Ausführungen zu fesseln. In den vielen Jahren meiner Berufstätigkeit haben mich immer Zustimmung und positive Reaktionen begleitet, wann immer ich als Vortragender unterwegs war. Ich war offensichtlich authentisch bei dem, was ich tat, und so gelang es mir, meine Botschaften ohne Mühe zu transportieren und meine Zuhörer zu begeistern. Dass sich mein Dasein als Vortragender letztendlich in eine berufliche Richtung entwickelt hat, verdanke ich einem lieben Freund, Mag. Manfred Fischer, Leiter der Oberbank-Filiale im oberösterreichischen Ried im Innkreis. Manfred Fischer buchte mich als Erster im Jahr 2003 für einen Impulsvortrag: „Magna – die Mitarbeiter sind unser wichtigstes Kapital“. Dieser Vortrag ist so gut angekommen, dass die Oberbank mit mir zu diesem Thema österreichweit eine Vortragsreihe startete. Manfred Fischer verdanke ich es daher, dass ich eine Aufgabe, die sich aus meiner beruflichen Tätigkeit ergeben hat, als meine Berufung entdecken und fortan leben konnte. Denn die Anfragen multiplizierten sich und bald referierte ich weltweit auf großen Human-Resources-Kongressen und einer Reihe anderer Veranstaltungen.

Nach meinen Vorträgen wurde ich sehr oft gefragt „Gibt es darüber kein Buch?!“ Diese Anregung habe ich aufgegriffen. Das Buch vereint mein Wissen und meine Erfahrung aus 30 Jahren Führungsaufgabe mit meinen Beobachtungen und Wahrnehmungen aus meiner Mediationstätigkeit. Durch die immense Beschleunigung, die unser beruflicher Alltag in den letzten Jahren erfahren hat, haben wir verlernt, in kritischen Führungssituationen innezuhalten und uns das Einmaleins der Führungsarbeit bewusst zu machen beziehungsweise danach zu handeln.

Mein Ziel ist, Ihnen, liebe Leser, ein Buch mit Methoden und Verhaltensweisen zur Verfügung zu stellen, die Ihre Führungsaufgabe leichter und erfolgreicher machen, die einfach und sofort umsetzbar und in ihrer Wirkung sehr effizient sind. Ich will dieses Buch bewusst nicht als theoretischen Ratgeber verstanden wissen. Auch für komplexe wissenschaftliche Abhandlungen, Konzepte und Theorien ist nach meinem Gefühl und meiner Erfahrung an der heutigen beruflichen Sturmfront kein Platz. Verstehen Sie das Buch als „nachtkästchentauglichen Werkzeugkoffer", als Schatzkiste, die Sie überall hin mitnehmen können. Sie werden darin Denkanstöße und Empfehlungen finden, die Sie schon morgen ohne großes Risiko an sich und Ihren Mitarbeitern erproben können. Manches davon werden Sie vielleicht schon kennen und auch können – positive „Aha!"-Erlebnisse und „Ja genau!"-Effekte sind quasi garantiert, wenn Sie die eine oder andere Anregung umsetzen.

Einleitung: Führen statt managen

Managers are people who do things right,
while leaders are people who do the right things.

Warren G. Bennis

Der Großteil der Bücher zu Führungsthemen stammt aus der Feder von Beratern, Trainern und Wissenschaftern, aber es sind nur wenige Bücher zu finden, die von einer Führungskraft selbst verfasst wurden. Dieses Buch ist nun ein Buch *aus* der Praxis *für* die Praxis. Es geht darin um die wesentlichen Eckpfeiler für gute und kompetente Führungsarbeit und es wird versucht, herauszuarbeiten, was nötig ist, um als guter Manager auch eine gute Führungskraft zu sein. Nicht zuletzt soll dieses Buch aber auch in Erinnerung rufen, dass Führen eine Kunst, ein Abenteuer und eine Leidenschaft zugleich ist. Führen ist kein Verwaltungsakt und keine Kombination aus Wegschauen und der Hoffnung, dass sich die Dinge von selbst regeln. Führen heißt, dafür Sorge zu tragen, dass die Arbeit getan wird. Wir Führungskräfte sind dafür verantwortlich, dass ein Mitarbeiter seine Arbeit als sinnvoll erlebt, Freude daran hat, Leistung zu erbringen, und dass er motiviert ist. Es gibt einiges, was wir als Führungskräfte dazu beitragen können, aber leider gibt es auch viele Verhaltensweisen, die das Gegenteil, nämlich Demotivation, bewirken, ohne dass wir es merken. Wie so oft sind es die Details, die über Erfolg oder Misserfolg entscheiden.

Fach- und Führungskräfte sind gefragt wie noch nie, heißt es. Und der Kampf um Talente wird sich in den kommenden Jahren noch verstärken, heißt es ebenfalls. Das unterschreibe ich ohne zu zögern, denn es ist ein bekannter Umstand, dass in Zeiten wirtschaftlicher Anspannung die

Nachfrage nach sehr gut ausgebildeten Spitzenkräften hoch ist. Somit bestehen gute Aussichten für High Potentials. Aber das ist nur die eine Seite der Medaille. Die andere sieht so aus: Man muss die raren Talente nicht nur finden und einstellen – man muss sie auch halten, an das Unternehmen binden und sie zu jenen Höchstleistungen motivieren, zu denen sie imstande sind und für die sie in der Regel auch bezahlt werden. Denn schließlich wird die Zahl der High Potentials zu einem entscheidenden Wettbewerbsvorteil für das Unternehmen, und das weiß auch der Mitbewerb.

Gleichzeitig gibt es aber viele Studien, die belegen, dass eine erschreckend hohe Zahl von Mitarbeitern in Unternehmen unterschiedlicher Größen und in allen beliebigen Branchen angeben, längst innerlich gekündigt zu haben. Die Mitarbeiter bleiben nur noch so lange im Unternehmen, bis sie eine neue Aufgabe gefunden haben, und absolvieren längst Dienst nach Vorschrift. Alle paar Wochen landet eine neue dieser Studien auf meinem Schreibtisch. Sie unterscheiden sich im Wesentlichen nur durch die Angabe der Prozentzahlen, nicht jedoch in den Ursachen, die Mitarbeiter als Gründe für ihre innere Kündigung anführen. Es ist durchaus möglich, dass ihre Vorgesetzten fachlich alles richtig gemacht haben, aber durch Kleinigkeiten wie falsche Gesten, unpräzise Kommunikation, unklare Anweisungen, Inkonsequenz und ähnliches Fehlverhalten an Glaubwürdigkeit eingebüßt und damit ihre Mitarbeiter nicht mehr erreicht haben.

Wir werden uns in diesem Buch mit der Frage beschäftigen, wie wir als Führungskräfte vermeiden können, dass es bei den uns anvertrauten Mitarbeitern zu einer inneren Kündigung kommt. In diesem Zusammenhang gehört es auch zu unseren Aufgaben, zu erkennen, wann der Zeitpunkt gekommen ist, ab dem Mitarbeiter und Unternehmen getrennte Wege gehen sollen. Der kreative Systembetrug – der Mitarbeiter absolviert einen Nine-to-Five-Job, übernimmt keine Verantwortung, verursacht absichtlich Leerläufe in seiner Tätigkeit, schiebt Fehler anderen Leuten unter oder legt seine Arbeit so an, dass keine Fehler gemacht werden *können* – bleibt oft lange unbemerkt. Er beeinflusst aber die Mitarbeiter in der unmittelbaren und mittelbaren Umgebung des Betreffenden, beeinträchtigt die Performance und die Effizienz des gesamten Teams und wirkt sich letztendlich negativ auf das Unternehmensergebnis aus. Schon aus einer gewissen Eitelkeit heraus gerät man in Versuchung, diese Mitarbeiter oft über einen immens langen Zeitraum hinweg zu disziplinieren, um dann festzustellen, dass man trotz intensivster Bemühungen gescheitert ist. Denn es ist eine Tatsache, dass sich nicht jeder Mitarbeiter in diesem Sonnensystem gerade von Ihnen führen lassen *will*, und es gilt, auch dies zur Kenntnis zu nehmen.

Das kann unterschiedliche Ursachen haben. Es kann sein, dass einer Ihrer Vorgänger als Führungskraft Fehler gemacht hat, und dies im schlimmsten Fall in einem nicht mehr sanierbaren Ausmaß. Es ist auch bekannt, dass wir zu einem bestimmten Grad von unserem limbischen System, dem Unbewussten, gesteuert werden. Erinnern Sie Ihren Mitarbeiter unglücklicherweise an einen Menschen in seinem Leben, mit dem er schlechte Erfahrungen gemacht hat, avancieren Sie allein dadurch schon zu seinem Feindbild und er wird nur widerwillig die von Ihnen verlangten Tätigkeiten und Aufgaben erledigen.

Jack Welch[1] teilt die Mitarbeiter gemäß seiner 20/70/10-Regel in drei Leistungskategorien ein. Laut diesem Konzept benötigt ein Unternehmen für ein ausgewogenes Leistungsportfolio unter den Mitarbeitern 20 Prozent so genannte Top-Performer (Jack Welch nennt sie „A-Player“) und 70 Prozent normale Leistungsträger („B-Player“). Von der Gruppe der unteren 10 Prozent, den sogenannten Under-Performern („C-Player“), sollte man sich laut Jack Welch ohne Wenn und Aber trennen.

Aber auch Underperformer haben sich Kenntnisse und Fachwissen angeeignet, die im Fall der Kündigung unwiederbringlich zum Werkstor

---

[1] Vgl. Welch, Jack (2005): Winning – das ist Management, Campus Verlag.

„hinausmarschieren". Deshalb sollte meiner Ansicht nach die Führungskraft auch bei den Under-Performern zunächst durch ein ständiges Augenmerk sowie Förder- und Entwicklungsmaßnahmen daran arbeiten, dass es zu keiner Trennung kommt. Allerdings müssen diese Bemühungen zeitlich begrenzt sein: Sollte es Ihnen als Führungskraft nicht gelingen, den Under-Performer innerhalb von maximal sechs Monaten zu einem Normal-Performer zu machen, seien Sie konsequent und hören Sie auf, ein lahmes Pferd zu reiten.

Die wahre Herausforderung als Führungskraft ist, die Motivation und das Engagement der 70 Prozent Normal-Performer aufrechtzuerhalten und sicherzustellen, dass sich dort Leute entwickeln, die es in die Gruppe der Top-Performer schaffen. Dazu ist es wichtig, dass alle Mitarbeiter die gleiche Zuwendung erhalten und das Gefühl vermittelt bekommen, dass sie bei entsprechenden Anstrengungen sehr wohl die Chance haben, in die Top 20 aufzusteigen.

Die Top 20 sind Ihre Spitzenleute, die normalerweise an ihrer Einsatzbereitschaft, ihrer Motivation, ihrer Identifikation mit dem Unternehmen und an der Tatsache, dass sie authentisch sind, zu erkennen sind.

Mir wird immer wieder die Frage gestellt, ob man „Führen" lernen kann. Dazu gibt es zwei Ansichten: Im einen Fall wird die Meinung vertreten, man könne das Handwerk des Führens genauso erlernen wie das Autofahren. Im anderen Fall herrscht die Meinung vor, Führungskompetenz wäre eine angeborene Fähigkeit, ein Talent. Beides stimmt grundsätzlich, jedoch werden bei Weitem nicht alle Führungskräfte mit dem Talent zum Führen geboren. Für jene, die ohne dieses Talent auf die Welt kommen, vertrete ich die Ansicht, dass man sich das Führen als Fertigkeit durchaus aneignen kann! Jene Menschen, die über einen genetischen Führungsfaktor verfügen, müssen dieses Talent erst zu einer Fähigkeit entwickeln (lesen Sie dazu auch im Kapitel „Fähigkeiten und Fertigkeiten", Seite 115 ff.).

Eine Person, die als „Zahlenmensch“ gilt, hat von Natur aus einen sehr guten Zugang zu Zahlen und große Freude daran, diese zu interpretieren und damit zu jonglieren. Eine andere Person wiederum, dic sich nicht unbedingt als „Controller aus Leidenschaft“ bezeichnen würde und eher der „kreativen Front“ angehört, kann trotzdem lernen, eine Bilanz zu lesen, die Zahlen zu deuten und Maßnahmen daraus abzuleiten. Ich kenne genug Menschen, auf die dies zutrifft, und ich kenne viele Führungskräfte, die sich eine Reihe von Fertigkeiten angeeignet haben, die nicht zu ihrer „Grundausstattung“ gehört haben.

Was ich in diesem Zusammenhang jedoch sehr interessant finde, ist die Tatsache, dass mir nach über 500 Kandidateninterviews, die ich im Verlauf meiner beruflichen Tätigkeit geführt habe, noch keine Führungskraft begegnet ist, die von sich selbst behauptet hat, sie habe wenig Sozialkompetenz oder keine herausragenden Leadership-Qualitäten. Ich habe auch von keiner der gestandenen Führungskräfte in meinem beruflichen Umfeld jemals gehört, dass er beziehungsweise sie nicht führen könne. Vielmehr ist es ein Phänomen, dass es von „Naturtalenten“ des Führens geradezu wimmelt. Und das ist wohl des Übels Kern. Denn wenn einem Schwächen bewusst sind, kann man daran arbeiten, sie auszugleichen. Wenn eine Führungskraft aber erst einmal „oben“ angelangt ist, ist es in der Praxis meist so, dass Mängel in der Führungsarbeit unentdeckt bleiben und es für die betroffenen Mitarbeiter und Kollegen enorme Kraftanstrengung bedeutet, diesen Umstand transparent zu machen oder sich schlimmstenfalls damit abzufinden.

Neu ist nicht, dass Führungsarbeit jede Menge Fallen und Tücken hat, und diese Tatsache verleitet oftmals zu Stagnation. Führen bedeutet Arbeit und Verantwortung und verlangt nach einem gerüttelt Maß an Einsatz und Empathie. Ich möchte mit diesem Buch dazu anregen, Neues auszuprobieren und mit Verhaltensweisen zu experimentieren. Ihre Mitarbeiter wollen keine lähmende Routine, keine Reproduktion bestehender Regeln, sie wollen lebendig geführt und motiviert werden, sie möchten in der Gewissheit handeln, dass sie neue Wege beschreiten dürfen, ja sogar sollen. Sie sehen Ihren Erfolg als den eigenen an und möchten Ihnen dorthin folgen. Nicht zuletzt möchte ich Ihnen mit diesem Buch in Erinnerung rufen, was Sie längst wissen: Führen ist eine Kunst, eine Leidenschaft und ein Abenteuer zugleich. Und alles, was Sie brauchen, um sich das Leben in diesem herausfordernden Spannungsfeld leichter zu machen, erfahren Sie auf den folgenden Seiten.

Führungsverhalten

Es gibt keine schlechten Mitarbeiter –
es gibt nur schlechtes Management!

Frank Stronach

Führen heißt, durch Fordern, Fördern und durch Feedback den Mitarbeiter dazu zu bewegen und zu veranlassen, dass er die beste Leistung im Rahmen seiner Möglichkeiten bringt und mit sich selbst und seiner Arbeit zufrieden ist. Führen heißt auch, dafür Sorge zu tragen, dass die Arbeit grundsätzlich gemacht wird. Wird die Arbeit nicht erledigt oder nicht mit der entsprechenden Sorgfalt, der nötigen Umsicht und dem erforderlichen Qualitätsbewusstsein, dann schreibt die Führungskraft dieses Problem so gut wie immer dem Verhalten des Mitarbeiters zu. De facto suchen Führungskräfte im Allgemeinen den Fehler nicht bei sich. Entsprechend unangenehm mag daher obige Aussage von Frank Stronach anmuten, die ich als Leitspruch für dieses Kapitel gewählt habe. Ich gehe sogar noch weiter und ziehe die Aussage von Frank Stronach ein bisschen enger: „Es gibt keine schlechten Mitarbeiter – es gibt nur schlechte Führungskräfte." Das heißt nun im Klartext nichts anderes, als dass in der Regel immer die Führungskraft der Auslöser dafür ist, dass der Mitarbeiter ein Fehlverhalten an den Tag legt, nicht engagiert ist oder Dienst nach Vorschrift macht.

Frank Stronach ist mit seiner Meinung in guter Gesellschaft: Viele der großen Motivationslehren gehen davon aus, dass der Mitarbeiter grundsätzlich frei von Ressentiments zur Arbeit kommt, um einen Job zu machen, der ihn fordert und in dem er auch gefördert wird. Er erwartet, dass er eine Aufgabe übertragen bekommt, die seinen Fähigkeiten entspricht, er am Arbeitsplatz eine faire Behandlung erfährt sowie frei von Diskriminierung geführt und fair entlohnt wird. Mit der Vergütung für diese Arbeit möchte er dann seine persönlichen Bedürfnisse befriedigen, sein Leben gestalten, seine Familie ernähren und seinen Hobbys nachgehen. Der Mitarbeiter tut dies aus einem grundsätzlich positiven Antrieb. Er will sich für diesen Job engagieren, er will, dass er selbst und damit auch sein Team und seine Firma erfolgreich sind, und er geht davon aus, dass sich ein gemeinsamer Erfolg natürlich unmittelbar auf seine Vergütung auswirkt. Legt der Mitarbeiter plötzlich destruktives Verhalten an den Tag oder sinkt seine Leistung ab, so ist das in der Regel eine Konsequenz aus einer nicht korrekten oder nicht fairen Behandlung durch die Führungskraft.

Natürlich gibt es so etwas wie notorische Nörgler, die schon beim Eintritt in das Berufsleben nicht gern arbeiten. Sie suchen alle möglichen Gründe und Ausflüchte, warum sie nicht zur Arbeit kommen können oder warum sie die Arbeit, die sie erledigen sollen, nicht machen. Aber das ist eher die Ausnahme. Viel häufiger kommt es vor, dass sich die negative Haltung des Mitarbeiters erst im Laufe des Berufslebens entwickelt, und zwar aufgrund von Fehlern oder Versäumnissen, die einer oder mehrere Vorgesetzte in ihrer Führungsarbeit begangen haben. Das heißt, dass ein oder mehrere Vorgesetzte ihrer Führungsaufgabe bei dem betreffenden Mitarbeiter einfach nicht oder nur unzureichend nachgekommen sind. Was immer der Grund für die Unlust oder die mangelnde Motivation des Mitarbeiters sein mag – den Fehler oder die Verantwortung dafür lastet die Führungskraft in der Regel dem Mitarbeiter selbst an.

Aber ist es tatsächlich die Schuld des Mitarbeiters? Oder mit einem Augenzwinkern gefragt: „Ist wirklich der See schuld, wenn die Ente nicht schwimmen kann?“ Liegt der Fehler tatsächlich beim Mitarbeiter, wenn die Führungskraft ihrer Führungsaufgabe nicht nachkommt? „Natürlich nicht!“, werden Sie sagen. Und sollten Sie sich gerade bei dem einen oder anderen „schwierigen Fall“ in Ihrer Abteilung fragen, ob Sie vielleicht selbst etwas dazu beigetragen haben, dann sind Sie bereits auf einem sehr guten Weg! Zuallererst das eigene Verhalten zu hinterfragen ist etwas, das eine gute Führungskraft auszeichnet. Sehr oft ist mit dem Mitarbeiter nichts anderes passiert, als dass sein Grundbedürfnis nach Orientierung,

Wertschätzung und Anerkennung von seinem Vorgesetzten nicht erfüllt worden ist. Dies sind drei wesentliche Bedürfnisse, speziell jenes der Orientierung, die uns allen innewohnen, die uns antreiben, nach deren Befriedigung wir streben. Und wie so oft sind es auch in der Führungsarbeit die einfachen Dinge, die in Vergessenheit geraten. Wir werden uns im weiteren Verlauf noch ausführlich mit diesen drei Grundbedürfnissen beschäftigen und ich darf vorweg festhalten, dass bei diesen drei Bedürfnissen die wesentlichen Anknüpfungspunkte zu finden sind, wenn es darum geht, die Kunst des Führens zu beherrschen.

Ich möchte das gerne anhand zweier Beispiele illustrieren:

Ärger auf dem Tennisplatz

Ich war gerade 34 und nach sieben Jahren bei Fischer soeben zum Spartenleiter Alpin ernannt worden. Ich war natürlich mächtig stolz auf mich, hatte ich mich doch in sehr kurzer Zeit vom Verkaufsleiter zum Spartenleiter eines Weltmarktführers in einem der damals größten Skifabriken der Welt hochgearbeitet. Irgendwann im Spätherbst verbrachte ich mit meiner Frau in meinem Wohnort, einer 1000-Seelen-Gemeinde im oberösterreichischen Innviertel, den Sonntagvormittag auf dem Tennisplatz. Wir hatten unser Spiel gerade beendet, ich hatte den Platz abgezogen und das nächste Paar bewegte sich bereits in Richtung Spielfeld, als mich einer der beiden, ein ca. 20-jähriger Mann, geradezu stellte und mich in einem ausgesprochen unwirschen Ton aufforderte, nochmals auf den Platz zurückzugehen und ihn doch bitte ordentlich abzuziehen. Ich fand seinen Tonfall mehr als unangemessen, fühlte mich brüskiert und just in dem Moment, in dem ich im Zwiegespräch mit mir selbst beschlossen hatte, mir das keinesfalls bieten zu lassen, signalisierte mir meine Frau: „Naja, da rechts hinten ist tatsächlich noch eine kleine Unebenheit, vielleicht solltest du da noch einmal drübergehen." Ich marschierte also los und zog den Platz neu ab. Und ich ärgerte mich maßlos darüber, vor allem weil der junge Mann mit verschränkten Armen auf der Terrasse des Clublokals stand und leicht lächelnd seinen „Triumph“ genoss. Ich wusste zu diesem Zeitpunkt nicht, wen ich vor mir hatte. Es war mir aber recht, die Angelegenheit ohne Streit beigelegt zu haben, denn ich wollte mir ungern den Rest des Tages durch so eine Kleinigkeit vergällen lassen. Man muss als guter Manager schließlich wissen, in welche „Schauplätze“ man seine Energien investiert – und in welche eben nicht. Für diese Einsicht war in diesem Fall meine Frau der Signalgeber, denn ich hätte ja anders gehandelt.

Etwas fehlt

Im Sommer 1990 (also rund ein Jahr nach der Begebenheit am Tennisplatz) bekam ich einen aufgeregten Anruf des Qualitätsleiters Alpin mit der Bitte, auf schnellstem Weg in die Produktion zu kommen. Im Werk wurden gerade für einen Auftrag aus Russland Alpinskier in großen Stückzahlen produziert. Ich begab mich also schnellstens in die Produktion, bereits ahnend, dass mich ein Dilemma größeren Ausmaßes erwarten würde. Was in der Tat keine Übertreibung war, denn man zeigte mir 1000 Paar Skier in der Länge von 190 cm, welche in der Nachtschicht gefertigt worden waren, bei denen im Siebdruckprozess beim Aufdruck des Markennamens im vorderen Schaufelbereich das „R“ fehlte. Zur Erinnerung: Das Unternehmen, von dem hier die Rede ist, heißt Fischer.

Ich traute meinen Augen kaum und war wirklich fassungslos. Auf meine Frage, wie denn so etwas möglich sei, erklärte mir der Qualitätsmanager, dass der Mitarbeiter, der Nachtdienst gehabt hätte, sich einfach nicht gemeldet und so die ganze Schicht hindurch Skier mit dem Aufdruck „Fische“ produziert hätte. Ich war ausgesprochen ungehalten, um es einmal vorsichtig auszudrücken, und vor allen Dingen beschäftigte mich die Frage, wie es möglich sei, so einen Fehler nicht zu bemerken. Daraufhin wurde ich vom Qualitätsmanager wie auch vom Verantwortlichen für die Siebdrucklinie darauf aufmerksam gemacht, dass ich mir das alles viel zu leicht vorstelle, dass es mit der Motivation der Mitarbeiter nicht weit her sei und es „denen" egal sei, was sie produzieren. Zudem sei das Ganze in der Nachtschicht passiert, wo das Hauptaugenmerk darauf gerichtet ist, in der Früh nach Hause gehen zu können.

Ich war noch immer nicht bereit, das zu glauben und kündigte an, dass ich ein Gespräch mit dem Herrn führen würde, der die ganze Nacht hindurch „Fische" produziert hatte. Da ich ohnehin in regelmäßigen Abständen durch die Produktion ging, hatte ich so einen Anlass, das auch einmal in der Nachtschicht zu tun. So habe ich mich an diesem Tag um 0.30 Uhr ins Auto gesetzt, bin in die Fabrik gefahren und zu besagter Siebdruckmaschine marschiert. An der Maschine stand kein Unbekannter, nämlich – Sie haben es wahrscheinlich schon erraten – der selbsternannte „Qualitätsbeauftragte" vom Tennisplatz. Natürlich habe ich ihn darauf aufmerksam gemacht, dass wir uns vom Tennisplatz kennen, was ihm zunächst etwas unangenehm war, bis ich ihm sagte, dass mir damals sein Verhalten im Grunde imponiert hätte, nämlich auf Sorgfalt zu pochen und darauf, auf einem ordentlichen Platz zu spielen. Auf meine Frage, wie es möglich sei, dass ihm auf dem Tennisplatz Genauigkeit und Sorgfalt so wichtig seien, es ihm am Arbeitsplatz aber egal wäre, Hunderte Paar Skier mit einem Druckfehler im Markennamen zu produzieren, erhielt ich folgende Antwort: „Aber das am Tennisplatz ist ja etwas ganz anderes! Da bin ich wer, da bin ich gleich wichtig wie Sie. Ich bin ein normales Vereinsmitglied wie Sie, zahle den gleichen Mitgliedsbeitrag wie Sie und daher habe ich mich dort zu Wort gemeldet. Hier in der Nachtschicht bin ich niemand, ich weiß oft gar nicht, womit meine Schicht beginnt. Für welche Maschine ich eingeteilt bin, erzählt man mir erst zwischen Tür und Angel, ich bin einfach nur eine Nummer hier …"

Die beiden Beispiele zeigen, dass zwischen dem Verhalten des Mitarbeiters im privaten Bereich (wo er sehr sorgfältig ist und ihm Genauigkeit, Sauberkeit und dergleichen wichtig sind) und dem Verhalten am Arbeitsplatz ein großer Unterschied bestehen kann und meiner Erfahrung nach leider auch sehr häufig besteht.

Das geschieht dann, wenn die Erwartungen des Mitarbeiters nicht erfüllt werden, sich in der Kommunikation zwischen Mitarbeiter und Unternehmen Unschärfen eingeschlichen haben und der Mitarbeiter dem Unternehmen aus Frustration und Demotivation bewusst seine bestmögliche Leistung vorenthält. Schon eine kleine abfällige Handbewegung während eines Gesprächs kann diesen Abwehrmechanismus in Gang setzen. Wir dürfen natürlich davon ausgehen, dass ein Mitarbeiter, der zu Hause ehrlich, sorgfältig und qualitätsbewusst ist, am Arbeitplatz das gleiche Verhalten an den Tag legen wird. Unserem jungen Mann an der Siebdruckmaschine ist kaum ein Vorwurf zu machen. Denn in seinem Fall wurde weder sein Grundbedürfnis nach Orientierung („Ich weiß oft gar nicht, womit meine Schicht beginnt und für welche Maschine ich eingeteilt bin!") noch das nach Anerkennung („Am Tennisplatz bin ich gleich wichtig wie Sie!") und Wertschätzung („Ich bin einfach nur eine Nummer hier!") erfüllt.

Orientierung: Jeder kennt sich aus

Denken wir doch daran, was geschieht, wenn wir in ein Besprechungszimmer treten, das wir nicht kennen. Wir wollen wissen, wer an der Besprechung teilnimmt, ob es eine Sitzordnung gibt, wo die Getränke stehen und so weiter. Wir wollen uns orientieren. In einem Unternehmen ist das nicht anders und wir sind als Führungskräfte dafür verantwortlich, unseren Mitarbeitern diese Orientierung zu geben. Diese Verantwortung zählt zu den Kernaufgaben einer Führungskraft! Es geht im Wesentlichen darum, die Mitarbeiter darüber zu informieren, wohin die Reise geht, welche Ziele das gesamte Unternehmen verfolgt, welche Abteilungsziele zu erfüllen sind. Dazu gehört auch, Ihren Mitarbeitern aufzuzeigen, auf welchem Weg und mit welchen Mitteln diese Ziele im Einzelnen erreicht werden sollen und welche Spielregeln auf dem Weg dorthin einzuhalten sind.

Orientierung ist in gleichem Maße natürlich auch für Kunden, Lieferanten und Eigentümer unverzichtbar. Je nachdem, welche Informationen für die einzelnen Zielgruppen relevant sind: Geben Sie dieses Wissen weiter, schaffen Sie Transparenz und generieren Sie dadurch Vertrauen.

Ich finde es immer wieder bedauerlich, in wie vielen Unternehmen Mitarbeiter über mangelnde Orientierung klagen: „Wir arbeiten ins Blaue, keiner weiß, wo es langgeht, bei uns passiert alles auf Zuruf …" Sozusagen frei nach Qualtinger: „Wir wissen zwar nicht, wo wir hin wollen, dafür sind wir früher dort!"

Viele Vorgesetzte geben aus Prinzip und Machtgehabe wenig von ihrem Wissen preis und sind der Meinung, ihren Mitarbeitern sei es egal, welche Pläne das Unternehmen oder die eigene Abteilung verfolge. Ich kenne Führungskräfte, die der Ansicht sind: „Den Mitarbeitern ist das nicht wichtig, es genügt doch völlig, wenn wir Führungskräfte wissen, wo es langgeht!" Oder: „Die Mitarbeiter wollen pünktlich nach Hause gehen und jeden Monat ihr Gehalt bekommen – alles andere ist ihnen doch egal!"

Die Fehleinschätzung könnte gravierender nicht sein, denn selbstverständlich wollen die Mitarbeiter so viel wie möglich über das Unternehmen wissen, in dem sie arbeiten und täglich viele Stunden verbringen. Sie möchten sich wohlfühlen, sich mit „ihrer" Firma identifizieren und auf „ihr" Unternehmen stolz sein. Es macht einen großen Unterschied, ob jemand seinen Arbeitseinsatz einer unbekannten Größe widmet oder ob alle Mitarbeiter für eine gemeinsame Sache arbeiten.

Die Formel ist ganz einfach: Orientierung = Motivation!

Wertschätzung: Kleine Gesten mit großer Wirkung

Wertschätzung ist ein sehr vielschichtiger Begriff und die Abgrenzung zur Anerkennung ist oft auf den ersten Blick nicht klar. Die Wertschätzung ist gleich nach den physiologischen Bedürfnissen des Menschen eines der wichtigsten sozialen Bedürfnisse. Das Bedürfnis nach Wertschätzung äußert sich in dem Wunsch nach Anerkennung der eigenen Person, sozialem Status und Aufmerksamkeit durch andere Menschen, in unserem Fall durch den Vorgesetzten.

Wer von Ihnen schon einmal mit der Aufgabe befasst war, eine Dienstwagenregelung (Welche Hierarchieebene fährt welches Auto?) oder eine Parkplatzordnung (Wer parkt am nächsten zum Eingang?) zu erstellen, weiß, wovon ich spreche. Denn jeder einzelne Mitarbeiter (und im Übrigen auch die, die behaupten, es sei ihnen nicht wichtig!) zieht vom Firmenfahrzeug oder vom zugeordneten Parkplatz Rückschlüsse auf die Wertschätzung gegenüber seiner Person.

Der Wunsch nach Wertschätzung äußert sich aber nicht nur durch das Streben nach Statussymbolen, um damit auch für andere sichtbare Anerkennung für Leistungen zu erhalten. Es geht bei der Wertschätzung zu einem großen Teil auch darum, dass Mitarbeiter ihre Individualität und Besonderheit in der Gemeinschaft beachtet sehen möchten. Wir alle wollen nicht einfach „nur dazugehören“, sondern wünschen uns Anerkennung und Respekt für unsere Individualität, für unsere Erscheinung, für unser Verhalten. Wir alle wollen als Person anerkannt und geschätzt werden. Bekommen Mitarbeiter zu wenig Wertschätzung, ist das eine Motivationsbremse par excellence. Und da wir als Führungskraft nicht in der Lage sind, jedem Mitarbeiter mit einem Firmenwagen oder einem reservierten Parkplatz unsere Wertschätzung auszudrücken, kommt der persönlichen Dimension der Wertschätzung besondere Bedeutung zu. Wenn Sie als Führungskraft Ihren Mitarbeitern Ihre Wertschätzung vermitteln, geben Sie ihnen das unbezahlbare Gefühl, dass sie nicht nur das viel zitierte Rädchen im Getriebe sind, sondern ein wichtiges Glied in der Kette.

Tatsächlich zeigt sich Wertschätzung an ganz kleinen Dingen, um nicht zu sagen: an Lappalien. An dieser Stelle sind von Ihnen als Führungskraft ein hohes Maß an Gespür, sozialer Kompetenz und nicht zuletzt gute Umgangsformen gefragt. Lauter Selbstverständlichkeiten? Leider nicht für alle Führungskräfte:

Eine wichtige Sitzung steht an. Von den verantwortlichen Mitarbeitern im Management wird bereits seit Tagen an den erforderlichen Unterlagen und Präsentationen, Statistiken und Analysen gearbeitet. Die Unterlagen, die vom Geschäftsführer selbst beigesteuert werden sollen, fehlen noch. Er ist insgesamt natürlich sehr beschäftigt, privat nimmt ihn zusätzlich das Projekt Hausbau in Anspruch. Seine Sekretärin wird zunehmend nervös, da es ihre Aufgabe sein wird, die Unterlagen ihres Vorgesetzten zusammenzuführen, diese für alle Besprechungsteilnehmer zu vervielfältigen und auch noch die Präsentation aufzubereiten. Und sie weiß: Die Zeit ist bereits denkbar knapp. Die Situation ist ihr nicht unbekannt, denn es ist nicht das erste Mal, dass sie die erforderlichen Informationen von ihrem Vorgesetzten so spät erhält, dass sie es nicht mehr schafft, ihre Aufgabe zeitgerecht zu erledigen, und die Unterlagen erst nachreichen kann, während die Sitzung bereits im Gange ist.

Dieses Mal nimmt sich der Geschäftsführer erst ganz besonders spät die Zeit, die erforderlichen Informationen und Unterlagen an seine Sekretärin weiterzugeben, und sie erhält auch noch einige Zusatzaufgaben, die für die Sitzung am nächsten Morgen vorzubereiten sind, da er selbst bereits aus dem Haus muss und es nicht mehr selber erledigen kann. Es ist bereits 16 Uhr, die Sekretärin macht sich an die Arbeit und bereitet sich auf eine Spät- beziehungsweise Nachtschicht vor. Um 17 Uhr verlässt der Geschäftsführer überpünktlich sein Büro, geht lächelnd am

Schreibtisch seiner Sekretärin vorbei und sagt: „So, meine Liebe, einen schönen Abend noch – beziehungsweise was davon heute für Sie noch übrig bleibt!" Er freut sich offensichtlich sehr über seinen kleinen Scherz und verlässt lachend das Büro.

Wie alle Beispiele, die ich im Verlauf dieses Buches anführe, ist auch dieses eine wahre Begebenheit, die mir in meiner Berufslaufbahn begegnet ist.

Es ist traurig genug, dass die Sekretärin weder Anerkennung noch Wertschätzung für ihren nächtlichen Einsatz erhält. Sie muss auch noch einen abfälligen Scherz über sich ergehen lassen. Was glauben Sie, wie motiviert sie an diesem Abend noch bei der Sache sein wird?

Wie anders klingt in obiger Situation folgender Satz: „Ich danke Ihnen sehr für Ihre Unterstützung, ich werde mich morgen bestimmt fragen, wie Sie das wieder hinbekommen haben, und ich will mich beim nächsten Mal bemühen, die Sachen etwas früher an Sie weiterzugeben!"

Schon durch kleine Gesten im Alltag können Sie Ihren Mitarbeitern Ihre Wertschätzung vermitteln. Zum Beispiel indem Sie Ihrem Mitarbeiter, der gerade schwer bepackt das Druckerpapier zum Computer trägt, die Tür aufhalten. Oder ganz einfach, indem Sie Ihren Mitarbeitern gegenüber die gleiche Freundlichkeit an den Tag legen, die Sie Ihren Kunden gegenüber bei einem Firmenrundgang zeigen. Ich kenne Mitarbeiter, die ihren eigenen Chef nicht wiedererkennen, wenn er mit Gästen im Betrieb unterwegs ist. Sein freundliches, offenes und wertschätzendes Verhalten den Gästen gegenüber steht seinem Verhalten, wenn er allein im Unternehmen unterwegs ist, diametral entgegen. Dort würdigt er die Mitarbeiter, denen er begegnet, kaum eines Blickes, er grüßt nicht und macht einen mürrischen Eindruck.

Wertschätzung lässt sich nicht nur durch das Verteilen von Statussymbolen (Firmenwagen, reservierter Parkplatz und so weiter) ausdrücken, wie oft fälschlicherweise angenommen wird. Es sind die kleinen

Gesten und Bemerkungen, die, richtig eingesetzt, bei Ihren Mitarbeitern Motivation und Einsatzbereitschaft erzeugen.

Anerkennung: Der Motivations-Turbo

Ihre Mitarbeiter verdienen Anerkennung für eine Leistung – und sie erwarten das auch! Diese Leistung kann fachlicher Natur sein, es kann aber auch ein besonderes Verhalten sein, das sie an den Tag gelegt haben. Anerkennung ist der „Turbo“ für motivierte Mitarbeiter schlechthin und motivierte Mitarbeiter gehören zum Grundkapital eines erfolgreichen Unternehmens. Sie kennen das bestimmt von sich selbst: Erhalten Sie Lob für eine erbrachte Leistung, geht Ihnen gleich alles viel leichter von der Hand. Man hat gleichzeitig Orientierung und Bestätigung dafür erhalten, auf dem richtigen Weg zu sein, und ist sofort mit noch mehr Freude und Engagement bei der Sache.

Leider sind viele Vorgesetzte der Ansicht, Anerkennung sei nur bei überdurchschnittlichen Leistungen angebracht. Das ist ein fataler Irrtum! Erkennen Sie auch Kleinigkeiten an, die vielleicht selbstverständlich, jedoch durchaus wichtig sind. Auch die normalen, regelmäßigen Leistungen Ihrer Mitarbeiter benötigen Anerkennung. Denn Anerkennung stärkt das Selbstvertrauen eines Mitarbeiters, hilft ihm dabei, sehr schnell an seinem Arbeitsplatz und in seinem Aufgabenbereich Fuß zu fassen, und macht ihn stark und bereit für neue, höherwertige und herausfordernde Aufgaben.

Bei manchen Vorgesetzten fällt eine Anerkennung, wenn überhaupt, meist kurz und pauschal aus und wird praktisch im Vorbeigehen an den Mann gebracht: „Das haben Sie gut gemacht!“

Wenn Sie Anerkennung ausdrücken, nehmen Sie sich doch auch hin und wieder die Zeit, diese zu spezifizieren: Was genau fanden Sie gut? Den peppigen Text, die Schnelligkeit, mit der eine Aufgabe erledigt wurde, oder die Freundlichkeit, mit der ein Kunde empfangen wurde? Welche positiven Auswirkungen dieser Leistung sind Ihnen aufgefallen? War der Kunde besonders gut gelaunt, als er das Geschäft verließ?

Haben Sie zum Beispiel auf einen Griff eine Unterlage gefunden, weil Ihr Ablagesystem wie von Zauberhand immer à jour gehalten wird? Dann halten Sie dies positiv fest!

Ein wichtiges Prinzip für den Ausdruck von Anerkennung ist Ehrlichkeit. Jeder Mitarbeiter hat ein feines Gespür dafür, ob die geäußerte Anerkennung echt ist oder ob sie aus strategischen Gründen, als Alibihandlung oder aus Berechnung erteilt wird. Koppeln Sie daher niemals eine Forderung oder gar Kritik an eine anerkennende Äußerung. Sprechen Sie nur dann eine Anerkennung aus, wenn Sie diese auch ernst meinen und nicht, weil Sie es in einem Buch gelesen haben. Erkennen und nutzen Sie Situationen, in denen ein Lob angebracht ist.

Ich spreche nicht von täglichen Lobgesängen, um unsere Mitarbeiter bei Laune zu halten. Es braucht so wenig. Ein authentisches „Dankeschön“ hier, ein „Super gelöst!“ da, ein ehrliches „Bestens gemacht!“ dort – und schon fühlt sich der Mitarbeiter anerkannt.

Ein chinesisches Sprichwort sagt übrigens sehr treffend: „Ein Wort der Anerkennung hält den Menschen warm drei Winter lang.“

Ein kurzer theoretischer Abstecher

Untersuchungen zufolge ist bei zwei Dritteln aller Kündigungen durch Mitarbeiter der unmittelbare Vorgesetzte der Hauptgrund. Fragt man Fach- und Führungskräfte nach Erfahrungen mit ihren Vorgesetzten, speziell im Hinblick auf das Sozial- und Gruppenverhalten, dann gelangt man zu folgendem Ergebnis: Fast drei Viertel aller Chefs sind nicht in der Lage, ihre Mitarbeiter zu motivieren. Über 60 Prozent der Vorgesetzten sind nicht kritikfähig. Etwas mehr als die Hälfte dieser Führungselite blockt generell neue Ideen ab und hat von Teambuilding wenig Ahnung. Gleich vielen Chefs wird darüber hinaus unpersönliches Verhalten zur Last gelegt.

Wir können Mitarbeiter sogar über das übliche Maß hinaus entlohnen – Emotion, Leidenschaft und Verantwortungsbewusstsein werden wir damit nicht erkaufen. Wir können heute alle Betriebsmittel erwerben, die wir benötigen, um das Unternehmen zu führen. Aber Motivation, Begeisterung und Identifikation sind die Wettbewerbsfaktoren, die wir nicht kaufen können, sondern als Führungskräfte generieren müssen.

Ich persönlich halte viel von der einfachen Unterscheidung in direktives und kooperatives Führungsverhalten. Es ist darin Platz für unterschiedliche Charaktere in verschiedensten Situationen; im kooperativen Führungsverhalten bekommen zudem die drei Grundbedürfnisse unserer Mitarbeiter (Orientierung, Wertschätzung, Anerkennung) ihren notwendigen Raum.

Direktives Führungsverhalten (3-K-Modell)

Generell ist zu sagen, dass hinter jeder der Führungstheorien ein bestimmtes Menschenbild[2] steht, welches das Führungsverständnis jeweils entscheidend verändert und beeinflusst hat. Das Menschenbild des „Rational Economic Man“ (er ist passiv, in erster Linie durch monetäre Anreize zu motivieren, er wird von der Organisation manipuliert, motiviert und kontrolliert) war die Basis für die Entwicklung des direktiven Führungsverhaltens, der sogenannten 3 Ks: Kommandieren, Kontrollieren, Korrigieren. Nun, dieser Führungsstil ist eigentlich nur in zwei Situationen zulässig: in einer Krise und innerhalb eines anarchistischen Systems. Wenn ich von einer „Krise“ spreche, dann meine ich keine allgemeine Wirtschaftskrise, sondern eine Ausnahmesituation, in der es um das Überleben des Unter-

---

[2] Vgl. Schein, Edgar H. (2004): Organizational Culture and Leadership, Third Edition. New York: Wiley Publishers. – Dt. Organisationskultur. „The Ed Schein Corporate Culture Survival Guide“. Bergisch Gladbach: EHP 2003.

nehmens geht. In solch einem Fall ist es wahrscheinlich notwendig, dass der Kapitän ohne große Rücksprache und basisdemokratische Diskussionen entscheidet, was zu tun ist, um sein Schiff durch den Sturm zu navigieren. Und wenn ich „anarchistische Systeme" anspreche, also Unternehmen, in denen jeder macht, was er will und wonach ihm gerade ist, dann ist mir durchaus bewusst, dass derartige Unternehmenskulturen in der westlichen Welt nur in Ausnahmefällen anzutreffen sind. Auf solche Konstellationen stößt man jedoch sehr wohl im Zuge von Expansionsprojekten in industriellen Entwicklungsländern. Das direktive Führungsverhalten bietet wenig bis keinen Platz für die drei Grundbedürfnisse der Mitarbeiter nach Orientierung, Anerkennung und Wertschätzung.

Leider, das hat mich meine Berufserfahrung gelehrt, ist das direktive Führungsverhalten wesentlich verbreiteter, als man annehmen möchte. Und zwar in der besonders gefährlichen Ausprägung, dass die betreffenden Führungskräfte der festen Annahme sind, sie würden einen kooperativen Führungsstil pflegen. Das hört sich dann so an: „Natürlich fordere ich meine Mitarbeiter und fördere sie auch. Auch das Feedback, das sie brauchen, bekommen sie von mir. Aber am Ende des Tages ist ein Tritt in den Hintern die einzige Sprache, die sie verstehen, damit sie ihre Arbeit machen." Oder: „Bei mir darf (muss) jeder zu meinen Bedingungen arbeiten, und wenn ihm die nicht passen, kann er ja gehen, denn in Zeiten wie diesen stellen sich die Leute ohnehin in Zweierreihen um Arbeit an."

Ein großes deutsches Unternehmen mit mehr als 100 Standorten und mit mehreren Tausend Mitarbeitern in der Einzelhandelsbranche hatte sich dazu entschlossen, Mitarbeiterbefragungen durchzuführen. Als die ersten Antworten vorlagen und sehr schlechte Ergebnisse in Bezug auf Zufriedenheit mit den Vorgesetzten und den Führungskräften aufwiesen, entschied man, die Mitarbeiterbefragungen wieder einzustellen, frei nach dem Motto: „Wem es nicht passt, bei uns zu arbeiten, der kann ja gehen." Dieses Unternehmen ist am Markt noch durchaus erfolgreich.

Ich wage aber zu behaupten, dass dieser Erfolg enden wird, weil irgendwann die innere Kündigung der Mitarbeiter in diesem Betrieb so weit fortgeschritten sein wird, dass der Unternehmenserfolg darunter leiden muss.

Kooperatives Führungsverhalten (3-F-Modell)

Erst das Menschenbild des „Social Man"[3] erlaubte eine Weiterentwicklung der Theorie zum kooperativen Führungsverhalten, des sogenannten 3-F-Modells: Fordern, Fördern, Feedback.

Fordern – aber richtig

Führen heißt unter anderem, den Mitarbeitern unmissverständlich mitzuteilen, was man von ihnen erwartet, also klar zu *fordern*, was man will. Führen heißt im Übrigen auch, klar zu definieren, was man *nicht* will. Es gibt unzählige Methoden, zu fordern. Sei es über Zielvereinbarungen qualitativer oder quantitativer Natur, sei es mittels „To-do-Listen", mit denen Verantwortlichkeiten klar verteilt werden, oder sei es einfach zwischen Tür und Angel, wo man klar artikuliert, was man von dem Mitarbeiter fordert und bis wann.

Beachten Sie bei der Formulierung einer Forderung einige simple Details. Dann können Sie davon ausgehen, dass Ihre Forderung bei Ihrem Mitarbeiter richtig ankommt, verstanden und umgesetzt wird. Wir alle wissen, dass ein lautes Artikulieren einer Anweisung noch lange kein Garant für die Umsetzung derselben ist. Thies Stahl[4], erfolgreicher Buchautor und Seminarleiter, gibt einige sehr wirksame Empfehlungen für die

---

3 Vgl. Schein, Edgar H. (2004): Organizational Culture and Leadership, Third Edition. New York: Wiley Publishers. – Auf Deutsch: Organisationskultur. The Ed Schein Corporate Culture Survival Guide. Bergisch Gladbach: EHP 2003.

4 Quelle: www.ThiesStahl.de

Formulierung von Forderungen, Anweisungen und Wünschen der Führungskraft an den Mitarbeiter.

Achten Sie bei der *Einleitung* der Formulierung Ihrer Forderung auf drei Dinge:

- Sie muss im Indikativ stehen – verzichten Sie auf den Konjunktiv! Also: Ich *wünsche mir* von Ihnen, dass ... (und nicht: Ich würde mir wünschen, dass ...).
- Versehen Sie Ihre Forderung mit einem expliziten Referenzindex und sagen Sie klar und deutlich: *Ich* wünsche mir von Ihnen, dass ... (und nicht: Die Geschäftsleitung wünscht sich von Ihnen, dass ...).
- Achten Sie auf einen direkten Bezug zu Ihrem Gegenüber, wenn Sie Ihre Forderung aussprechen! Sagen Sie: Ich wünsche mir *von Ihnen*, dass ... (und nicht einfach nur: Ich wünsche mir, dass ...).

Achten Sie bei der Formulierung Ihrer Forderung darauf, dass diese:

- machbar und umsetzbar ist (Kann der Mitarbeiter das vor dem Hintergrund seiner geistigen und körperlichen Fähigkeiten?)
- mit einem kurzen Feedbackbogen versehen ist (Woran kann Ihr Mitarbeiter erkennen, dass er Ihre Anweisung/Forderung erfüllt hat?)

Achten Sie bei der Formulierung des genauen Inhalts Ihrer Forderung darauf, dass diese:

- im Indikativ formuliert ist: Ich wünsche mir von Ihnen, dass Sie ... *tun* (nicht: tun würden)
- sprachlich positiv formuliert ist
- konkret ist
- keine Vergleiche aufweist und keine Pauschalierungen wie „immer“, „dauernd“, „endlich“ enthält
- „Wir-Botschaften“ vermeidet: Ich wünsche mir von Ihnen, dass *Sie* ...

Was Thies Stahl meint, wenn er sagt: „Wir-Botschaften gehören ins Krankenhaus“, ist einfach illustriert: Stellen Sie sich die Krankenschwester vor, die zu ihrem Patienten ans Bett kommt und sagt: „So, wir nehmen jetzt unsere Medizin!“ Worauf der Patient antwortet: „Bitte, nach Ihnen.“ Es kann natürlich nur heißen „Ich bitte Sie, jetzt Ihre Medizin zu nehmen.“

Im Berufsleben bringen diese Wir-Botschaften eine Führungskraft in weitaus weniger humorvolle Situationen. Etwa dann, wenn die gut gemeinte Forderung so aussieht: „Herr Meier, ich wünsche mir von Ihnen, dass wir als Firma erfolgreich sind!“ Bei dieser Forderung fehlt das Attribut der Machbarkeit, es fehlt der zeitliche, örtliche und inhaltliche Bezug, noch unpräziser geht es kaum.

Auch so sollte eine Forderung nicht formuliert werden: „Herr Kollege, ich erwarte mir von Ihnen, dass die von Ihnen prognostizierten Zahlen für unser Unternehmen Realität werden!“ Da die Erwartung vermutlich an den Controller gerichtet ist, der in der Praxis wenig mit der Umsetzung seiner Prognosen zu tun hat, fehlt auch hier die Machbarkeit, die Forderung ist außerdem nicht konkret und bietet keinen Kontext, weder zeitlich noch inhaltlich.

Fördern

Je nach Größe und Struktur des Unternehmens steht eine Vielfalt von Fördermaßnahmen für Mitarbeiter zur Verfügung, die individuell ausgewählt werden sollten: Weiterbildungsprogramme, die Übertragung von Verantwortung an den Mitarbeiter, das Aufzeigen von Perspektiven, eine aktive Informations- und Kommunikationspolitik und aktives Coaching des Mitarbeiters durch die Führungskraft sind nur einige. Aber Fördern heißt in erster Linie, dem Mitarbeiter Vorbild zu sein. „Walk the Talk“ – leben Sie vor, was Sie von Ihren Mitarbeitern erwarten, und tun Sie dies kompromisslos. Der Mitarbeiter imitiert und übernimmt nachgewiesenermaßen die guten – aber leider auch die schlechten – Eigenschaften „seiner“ Führungskraft.

Feedback

Richtig Feedback zu erteilen ist eine der wichtigsten und gleichzeitig vielschichtigsten Führungsaufgaben überhaupt. Aus diesem Grund habe ich dem Thema ein eigenes Kapitel gewidmet, in dem ich auch näher auf Techniken und Methoden eines zielgerichteten und punktgenauen Feedbacks eingehe (lesen Sie dazu mehr im Kapitel „Feedback", Seite 79 ff.).

Das Geheimnis wirksamer Führungskräfte

Wirklich wirksame Führungskräfte erkennen wir nicht nur an ihren Eigenschaften und Persönlichkeitszügen. Manche sind introvertiert und wortkarg. Andere sind extrovertiert und redselig. Manche haben Charisma, manche nicht. In der Regel kann jedoch davon ausgegangen werden, dass wirksame Führungskräfte Charisma haben und sich durch proaktives Kommunikationsverhalten auszeichnen.

Wer wirksame Führer von nicht wirksamen unterscheiden will, darf die Aufmerksamkeit nicht darauf richten, welches Naturell und ob sie Charisma haben. Sondern es kommt darauf an, wie sie handeln, wie sie in bestimmten Situationen entscheiden. Wirksame Führungskräfte fallen in der Regel durch Extrovertiertheit und außerdem dadurch auf, dass sie sehr gute Zuhörer und Kommunikatoren sind. Wirksame Führungskräfte wirken nicht durch Wissen, sondern wissen, dass sie wirken.

Siegfried Wolf, CEO der Magna International, antwortete vor einigen Jahren auf die Frage der österreichischen Tageszeitung „Kurier", was eine gute Führungskraft ausmache: „Fleiß, Bodenhaftung und gesunder Menschenverstand (in der „österreichischen Originalversion" *Hausverstand*). Dem ist nichts hinzuzufügen, denn meines Erachtens kann man die Parameter, die eine exzellente Führungskraft ausmachen, nicht besser beschreiben.

Man könnte vermuten, dass diese drei Attribute zu den Grundvoraussetzungen einer soliden Ausbildung und erst recht zum Selbstverständnis einer guten Führungskraft gehören. Aber die Praxis zeigt mir immer wieder, dass dies ein Trugschluss ist. Für mich sind diese „großen Drei“ inzwischen zu einem zentralen Thema geworden, da mir immer wieder auffällt, dass es selbst bei etablierten Führungskräften an dem einen oder anderen mangelt. Vor allem das Kriterium „Fleiß“ ist in merkwürdiger Art und Weise zu einem „Verhandlungsthema“ geworden. Und zwar, wie ich vermute, unbewusst und im Zusammenhang mit einem Begriff, der derzeit in aller Munde ist und meiner Wahrnehmung nach vor 20 Jahren noch nicht existiert hat: Von „Work-Life-Balance“ ist hier die Rede. So, wie der Begriff im ursprünglichen Sinne gemeint ist, ist daran rein gar nichts auszusetzen. Aber immer häufiger höre ich Sätze wie: „Wissen Sie, unter Work-Life-Balance verstehe ich, dass ich mir einmal pro Monat den Freitag und den darauffolgenden Montag freinehmen kann, um ein verlängertes Wochenende zu genießen!“ Oder: „Ich hätte gern auch einen Heimarbeitsplatz, damit ich nicht mehr so oft ins Büro fahren muss, denn da muss ich einige Stunden im Auto verbringen und das hat mit Lebensqualität ja wirklich nicht mehr viel zu tun …“

Beide Fälle sind Ihnen als Führungskraft schon untergekommen, ohne dass Sie dies vielleicht bewusst wahrgenommen haben. Sie rufen zum Beispiel an einem Montagvormittag voller Tatendrang bei einem Ihrer Geschäftspartner an und man teilt Ihnen mit, dass Herr Müller erst am Dienstag wieder im Büro sei. Sie erinnern sich, dass Herr Müller montags sehr häufig nicht erreichbar ist und erkundigen sich, ob er sich auf Dienstreise befindet. Dabei erfahren Sie, dass er sich – wie jede zweite Woche – freitags und montags freigenommen hat, um ein verlängertes Wochenende zu haben.

Wenn jemand einen Heimarbeitsplatz hat, erkennen Sie das unter anderem daran, dass man Ihnen bei einem Anruf in der Firma mitteilt: „Herr Meier ist heute nicht im Haus.“ Sie fragen nach, wann Herr Meier wiederkommt beziehungsweise ob er sich auf Dienstreise befindet. Ihre Frage bleibt unbeantwortet. Stattdessen teilt man Ihnen mit: „Sie können ihm aber gern eine E-Mail schicken, denn er prüft diese regelmäßig!"

Als Führungskraft wissen Sie, dass der Montag der wichtigste Tag der Arbeitswoche ist, der Tag, an dem wir uns auf die Woche einstimmen, der Tag, an dem die Arbeit verteilt wird und so weiter. Ich bin der Ansicht, dass die Forderung, einmal im Monat von Freitag bis Montag ein verlängertes Wochenende zu genießen, ganz klar dem Thema „Fleiß" zuwiderläuft. Solche Forderungen haben auch nichts mit dem legitimen und wichtigen Wunsch nach der sogenannten „Work-Life-Balance" zu tun.

Derartige Forderungen sind nur dann angebracht, wenn es sich um keine Top-Management-Position, sondern um eine Position ohne Führungsspanne handelt.

Sehr oft kommt allerdings von Personen, die ihre Interpretation von „Work-Life-Balance" beim Arbeitgeber einfordern, nahezu im selben Atemzug die Frage: „Und wie sieht mein Karriereplan aus?" In den meisten Fällen geht es dann um eine Position mit Führungsverantwortung im oberen Managementbereich – ich meine, dass sich diese beiden Forderungen nicht vertragen. Wenn Sie ebenfalls meiner Ansicht sind, dass zu einer Karriere die Attribute Fleiß, gesunder Menschenverstand und Bodenhaftung gehören, dann ist ein so lockerer Umgang mit dem Attribut „Fleiß" inakzeptabel und mit dem Thema „Karriere" unvereinbar.

Anlässlich eines Mitarbeiter-Entwicklungsgespräches sagte mir vor einigen Jahren ein Manager der zweiten Führungsebene, dass er als mittelfristiges Ziel die Position der Geschäftsleitung im Auge habe – allerdings bei gleichzeitiger Sicherstellung seiner Vorstellung von Work-Life-Balance. Meine Antwort darauf war kurz und knapp: „Sie werden sich von einem der beiden Ziele trennen müssen …"

Der Begriff der „Work-Life-Balance" wird immer häufiger missbräuchlich und als Deckmantel verwendet. Es fällt mir verstärkt auf, dass die Menschen hier Dinge vermischen, die nichts miteinander zu tun haben.

„Work-Life-Balance" steht für nichts anderes als eine gesunde – für den Betreffenden gesunde, denn auch das ist von Mensch zu Mensch verschieden – Balance zwischen Privat- und Berufsleben. Wie gesagt, die Betonung liegt auf Balance.

Ein Positivbeispiel, wie man „Work-Life-Balance" auch auslegen kann, ohne dass dabei der Fleiß zu kurz kommt: Meine beiden Söhne haben jeweils ein Studienjahr im Ausland absolviert. Der eine in Kanada, der andere in den USA. Sie waren merklich überrascht und positiv beeindruckt, als sie von den Dozenten und Professoren bereits in der ersten Vorlesungsstunde die private Mobiltelefonnummer erhielten. Dies mit dem Hinweis, dass sie jederzeit für ihre Studenten erreichbar seien. Einer der externen Vortragenden war Geschäftsführer eines großen kanadischen Unternehmens. Er versprach seinen Studenten, jede E-Mail innerhalb von 24 Stunden zu beantworten, und zwar unabhängig vom Zeitpunkt, zu dem er sie bekommt.

Zum Thema gesunder Menschenverstand fällt mir immer wieder auf, dass sich Leute sehr oft über ihr theoretisches Wissen definieren und glauben, dies bei jeder Gelegenheit zur Schau stellen und artikulieren zu müssen. Die Bewältigung des Berufsalltags ist aber nicht – wie die Amerikaner so treffend sagen – „rocket science" (sie meinen damit, dass es weder sehr kompliziert noch schwer zu verstehen ist und man erst recht keine umfassende „mathematische Ausbildung" dazu benötigt), sondern hat sehr oft mit der Aktivierung und Anwendung unseres gesunden Menschenverstands zu tun.

So hätte auch im Sommer 2009 der Vorstandsvorsitzende von Porsche, Wendelin Wiedeking, von einem hochkomplexen, strategisch kaum durchschaubaren Übernahme- und Finanzierungskonzept Abstand nehmen und sich nur auf seinen gesunden Menschenverstand verlassen sollen. Es wäre ihm dann nämlich ganz schnell klar geworden, dass, obwohl Porsche zu diesem Zeitpunkt der profitabelste Autohersteller der Welt war, die Übernahme des um ein Vielfaches größeren Autoherstellers Volkswagen nicht gelingen kann. Die Finanzkrise tat dann noch das ihre. Innerhalb weniger Monate wurde, nach 16-jähriger hervorragender Führung durch Wendelin Wiedeking, aus dem profitabelsten Autohersteller der Welt ein Übernahmekandidat, was Wiedeking den Job kostete. Neben einem Mangel an gesundem Menschenverstand war hier auch sehr gut die verlorene Bodenhaftung zu erkennen.

Viele Menschen kommen mit dem Schritt vom „normalen" Mitarbeiter zur Führungskraft nicht zurecht. Sie ändern ihr Rollenverhalten, weil sie meinen, als Führungskraft müssten sie sich plötzlich ganz anders geben als als „normaler" Mitarbeiter, was natürlich völlig verkehrt ist. Es gibt bestimmte Anforderungen an Führungskräfte, das versteht sich von selbst. Insgesamt sollten Sie aber als Mensch der bleiben, der Sie sind, denn genau mit dieser Persönlichkeitsstruktur sind Sie zur Führungskraft geworden. Weil Sie sind, wie Sie sind, sind Sie authentisch und so weit gekommen – und genau deshalb hat man Ihnen diese Verantwortung übertragen.

In diesem Zwiespalt verlieren Führungskräfte nicht selten ihre Bodenhaftung und dann passieren Dinge wie Wutausbrüche, versteckte Angriffe oder das so weit verbreitete Deklarieren der eigenen Wahrnehmung zur einzig gültigen Wahrheit. In meiner beruflichen Praxis sind mir nicht wenige Führungskräfte begegnet, die ihre Bodenhaftung verloren haben. Im Übrigen verbirgt sich hinter dem Parameter „Bodenhaftung" die bei den Führungskräften oft vermisste und viel zitierte „Sozialkompetenz".

Durch Zufall wurde ich im Sommer 2008 Augenzeuge folgender Begebenheit, die für mich das Paradebeispiel von Sozialkompetenz und Bodenhaftung schlechthin ist:

In Österreich und der Schweiz fand gerade die Fußballeuropameisterschaft statt. Ich war auf Kurzurlaub in Neustift im Stubaital. Das ist eine 4400-Seelen-Gemeinde in Tirol, die zu diesem Zeitpunkt auch die spanische Nationalmannschaft beherbergte.

Der Mittelstürmer der spanischen Nationalmannschaft hieß Fernando Torres, 23-jähriger Legionär beim FC Liverpool, der mit seinem Tor im

Finale gegen Deutschland Spanien zum Europameister machte. Dieser Fernando Torres (publiziertes Jahresgehalt zum damaligen Zeitpunkt ca. 10 Millionen Euro) ging zwei Tage vor dem entscheidenden Aufstiegsspiel gegen Russland im Zuge seines Individualtrainings vor dem Abendessen noch joggen. Dabei kam er an einer Wiese vorbei, auf der zehn Buben im Alter zwischen acht und zehn Jahren Fußball spielten. Fernando Torres unterbrach seinen Lauf, näherte sich den Buben und fragte, ob er mitspielen dürfe. Die Buben erkannten erst auf den zweiten Blick, mit wem sie es da zu tun hatten, und konnten ihr Glück kaum fassen! Mehr als eine halbe Stunde durften sie mit Fernando Torres kicken. Er zeigte ihnen einige seiner Tricks, ließ sich von den Buben auch „überspielen" und verabschiedete sich mit Autogrammen und einem persönlichen Handshake bei jedem Einzelnen, bevor er wieder joggend ins Hotel zurückkehrte.

In sinnvoller Ergänzung zu den drei Parametern Fleiß, gesunder Menschenverstand und Bodenhaftung erscheinen mir drei der acht Kardinaltugenden von Peter Drucker[5] angebracht:

- *Wirksame Führungskräfte fragen: „Was ist das Richtige für mein Unternehmen?"*
  Wirksame Führungskräfte erkennt man daran, dass sie sich nicht nur fragen: „Was ist gut für die Eigentümer oder was ist gut für die Mitarbeiter? Was ist gut für die Aktionäre oder was ist gut für uns Führungskräfte?" Sondern sie sehen das Ganze und fragen: „Was ist das Richtige für das Unternehmen?"
- *Wirksame Führungskräfte konzentrieren sich auf Chancen*
  … nicht auf Schwierigkeiten. Natürlich müssen Probleme angegangen und dürfen nicht unter den Teppich gekehrt werden. Aber

[5] Vgl. Drucker, Peter F.: What makes an effective executive?, HarperCollins Publishers.

gute Führungskräfte sind systematisch auf der Suche nach Veränderungen innerhalb und außerhalb des Unternehmens und fragen, wie sie diese Veränderungen für das Unternehmen nutzen können. Sie sorgen dafür, dass die Chancen von den Problemen nicht überschwemmt werden, und setzen die besten und leistungsstärksten Leute auf Chancen an, nicht auf Probleme.

- *Wirksame Führungskräfte denken im „Wir"*
  Für das soziale Verhalten wirksamer Führungskräfte gibt es nur zwei Regeln, die allerdings strengstens befolgt werden müssen. Erstens: Wirksame Führungskräfte handeln und denken nicht „Ich", sondern „Wir". Zweitens: Sie sind die Ersten, die zuhören, und die Letzten, die reden. So erwerben sie das Vertrauen ihrer Mitarbeiter – eine unverzichtbare Voraussetzung für wirksames Management.

Gute Führungskräfte unterscheiden sich in ihrer Persönlichkeit, in ihren Stärken und Schwächen, Werten und Überzeugungen erheblich voneinander. Sie haben nichts weiter gemeinsam, als dass sie effektiv arbeiten und das Richtige tun. Effektivität ist eine Disziplin, die man lernen muss. Und diese Disziplin ist für jede Führungskraft auf jeder Ebene dieselbe – vom Abteilungsleiter bis zum Geschäftsführer. Eine Führungskraft zu sein ist kein Privileg, sondern eine Verpflichtung. Und die oberste Verpflichtung dabei ist die der Effektivität.

Zusammenfassung und Empfehlungen

- Mitarbeiter brauchen Orientierung, Wertschätzung und Anerkennung – Sie als Führungskraft tragen dafür die Verantwortung!
- Machen Sie sich das kooperative Führungsverhalten zu eigen, fordern Sie, fördern Sie und geben Sie Ihren Mitarbeitern regelmäßiges Feedback!

- Fordern Sie und beachten Sie die Spielregeln für die richtige Formulierung Ihrer Forderung. Seien Sie mit Ihrer Forderung konkret und vermeiden Sie Wir-Botschaften!
- Der Mitarbeiter hat versagt – stellen Sie zuerst Ihr eigenes Verhalten infrage!
- Führen heißt, dafür zu sorgen, dass die Arbeit getan wird – Führen ist kein Privileg, sondern eine Verpflichtung – bitte vergessen Sie beides nicht!
- Die Parameter Fleiß, gesunder Menschenverstand und Bodenhaftung gehören zur unabdingbaren Grundausstattung einer guten Führungskraft!

Kommunikation und Information

Kommunikation ist nicht alles –
aber ohne Kommunikation ist alles nichts!

Peter Zulehner

Ich habe den Spruch von Arthur Schopenhauer „Gesundheit ist nicht alles, aber ohne Gesundheit ist alles nichts" abgeleitet. Auch wenn es sich ein bisschen pathetisch anhört, habe ich diese Formulierung bewusst gewählt. Ganz einfach deshalb, weil ich der Überzeugung bin, dass es für eine gute Führungskraft unerlässlich ist, umfassend zu kommunizieren und zu informieren. Denn ich habe oft miterlebt, dass mangelnde Kommunikation zu großen Missverständnissen, um nicht zu sagen Katastrophen geführt hat.

Nichts verursacht bei Ihren Mitarbeitern größere Demotivation als das Gefühl, nicht ernst genommen, nicht wahrgenommen und nicht gehört zu werden. Eine zielgerichtete, adäquate und akkurate Kommunikation hingegen ist der direkteste und „einfachste" Weg, dem Bedürfnis Ihrer Mitarbeiter nach Orientierung, Wertschätzung und Anerkennung nachzukommen. Wenn sich der Mitarbeiter von Ihnen als Führungskraft gut informiert fühlt, so hat er Orientierung – und damit ist eines seiner elementaren Grundbedürfnisse befriedigt.

Es beginnt mit dem Zuhören

Aber noch bevor wir uns als Führungskräfte unseren Mitarbeitern gegenüber mitteilen, sollten wir uns klarmachen, was es bedeutet, bewusst hinzuhören. Trotz stürmischer Zeiten muss in Ihrem beruflichen Alltag als Führungskraft Zeit bleiben, Ihre Mitarbeiter anzuhören. Ein Vorgesetzter, der seinen Mitarbeitern nicht zuhören kann, ist kein guter Vorgesetzter! Auch wenn der Arbeitsalltag noch so hektisch, der Entscheidungsdruck noch so groß und die Prioritätenliste noch so lang ist – eine gute Führungskraft weiß, dass für ihre Mitarbeiter immer Zeit sein muss. Wenn es im Unternehmen gut läuft, dann sind Ihre Mitarbeiter am Erfolg beteiligt, und sie verdienen, gehört und informiert zu werden. Natürlich macht es wesentlich mehr Freude, positive Dinge von den Mitarbeitern zu hören und den Mitarbeitern auch einmal den einen oder anderen Wunsch erfüllen zu können. Wichtiger ist es jedoch, in wirtschaftlich schwierigeren Zeiten Ihren Mitarbeitern zuzuhören, für sie da zu sein, herauszufinden, was sie bewegt, welche Fragen sie haben und welche Ängste möglicherweise im Unternehmen herrschen – um darauf entsprechend reagieren zu können. Ich habe es an früherer Stelle schon erwähnt, Sie sind als Führungskraft natürlich auch Vorbild für Ihre Mitarbeiter. Wenn Sie in Krisenzeiten den Kopf verlieren und Nerven zeigen, überträgt sich das auf Ihre Mitarbeiter. Wenn Sie in Hektik und Stress versinken und die Kommunikation einstellen, tun das auch Ihre Mitarbeiter.

Wenn Sie Ihren Mitarbeitern bewusst zuhören, nehmen Sie etwas Geschwindigkeit aus dem beruflichen Alltag, Ihre Mitarbeiter fühlen sich anerkannt und wertgeschätzt durch die Zeit, die Sie ihnen als Vorgesetzter widmen. Zeigen Sie Ihre menschliche Seite, schaffen Sie Vertrauen. Durch dieses achtsame Hin- und Hineinhören erfahren Sie auch Dinge, die Ihre Mitarbeiter sonst nicht explizit aussprechen würden. Wenn es Ihnen als Führungskraft gelingt, den „Code" Ihrer Mitarbeiter zu entschlüsseln und Wünsche und Entscheidungen vorwegzunehmen, weil Sie Ihre Mitarbeiter *kennen*, dann wird es nicht passieren, dass Ihnen Vorgänge innerhalb Ihres Unternehmens entgehen, „weil Sie zu weit weg sind" von Ihren Leuten. Gute Vorgesetzte haben keine Berührungsängste!

In meiner beruflichen Laufbahn bin ich viel zu oft auf Führungskräfte getroffen, die den menschlichen Draht sowie den fachlichen Bezug zu ihren Mitarbeitern vollkommen verloren haben. Dahinter verbirgt sich eine große Gefahr, weil „Führen aus der Distanz“ in der Praxis nicht funktioniert. Schon die Geschichte hat uns gelehrt, dass zu viel Distanz den Blick für die wahren Gegebenheiten verschleiert. Denken Sie nur an Marie Antoinette und ihren unseligen Vorschlag an das hungernde Volk, es solle doch Kuchen essen, wenn es kein Brot zur Verfügung habe.

Im Folgenden ein positives Beispiel für offenes Kommunikationsverhalten und „nahe bei den Leuten sein“:

Es handelt vom Geschäftsführer eines Produktionsbetriebes von Magna (der Betrieb hat 750 Mitarbeiter, davon sind in etwa 50 Prozent nicht österreichischer Herkunft). Er kennt jeden Einzelnen seiner 750 Mitarbeiter mit Namen und weiß – speziell bei den Mitarbeitern nicht österreichischer Herkunft – sogar über die einzelnen Verwandtschafts- und Zusammengehörigkeitsverhältnisse Bescheid.

Damit kennt auch jeder Einzelne dieser 750 Mitarbeiter seinen Geschäftsführer! Egal, ob es sich um eine Hilfskraft in der Produktionsabteilung oder um einen Abteilungsleiter in der mittleren Führungsebene handelt.

Der Geschäftsführer erreichte dies dadurch, dass er schon seit mehr als 20 Jahren jeden Mitarbeiter bei dessen Einstellung persönlich begrüßte und mit ihm ein Kennenlern-Gespräch von mindestens 30 Minuten führte. Darüber hinaus ging er einmal im Monat durch die Produktion und berichtete in jeder Abteilung in einer kurzen Präsentation über Neues und Wissenwertes. An diesen Tagen war er mehr als 10 Stunden im Betrieb unterwegs, da er auch die Mitarbeiter der Früh- und der Nachtschicht persönlich informierte …

Wenn Sie als Führungskraft Ihre Mitarbeiter regelmäßig informieren, wenn Sie mit Ihren Mitarbeitern kommunizieren und ihnen dann noch die Möglichkeit geben, sich mitzuteilen und ebenfalls zu kommunizieren – dann sind die Grundbedürfnisse Ihrer Mitarbeiter nach Wertschätzung und Anerkennung zum Großteil befriedigt. Vorausgesetzt, aber das ist wohl selbstredend, die Mitteilung an die Mitarbeiter beschränkt sich nicht auf Schimpftiraden oder abschätzige Bemerkungen.

Allein die Tatsache, dass Sie Ihren Mitarbeitern das Gefühl vermitteln, sich mitteilen zu *können*, kommunizieren zu *dürfen* und auch *gehört zu werden*, führt zu einem großen Maß an Zufriedenheit.

Der kürzeste Weg zu motivierten Mitarbeitern

Ich möchte Ihnen gern meine persönliche Gebrauchsanweisung für gute Kommunikation und Information weitergeben. Diese habe ich mir zu Beginn meiner sechsjährigen Praxis bei Magna erarbeitet und in der Folge institutionalisiert und instrumentalisiert. In Ansätzen habe ich sie auch davor in meinen Führungspositionen angewendet:

> *Sobald Sie auch nur einen einzigen Mitarbeiter führen, versorgen Sie ihn durch regelmäßige Treffen mit Informationen über Ihre Firma und Ihre Branche.*

Sie lesen richtig – das ist sie tatsächlich schon! Diese Empfehlung ist ein Eckpfeiler der sogenannten Magna Charta. Die Magna Charta ist die festgeschriebene Unternehmenskultur von Magna, die weltweit gelebt wird und an jedem Arbeitsplatz an der Wand hängt. Einer der sechs Leitsätze der Unternehmenskultur hat das Thema „Kommunikation und Information" zum Gegenstand und lautet: *„Durch regelmäßige monatliche Treffen zwischen Management und Beschäftigten und durch Veröffentli-*

chungen wird Magna Sie mit Informationen über Ihre Firma und die Entwicklung in der Automobilindustrie auf dem Laufenden halten."

Dieser Grundsatz wird bei Magna lückenlos gelebt. Einmal im Monat lädt die Geschäftsleitung die Mitarbeiter ein und berichtet ihnen in ca. 30 bis 45 Minuten all das, was nur irgendwie für sie von Bedeutung sein kann, um ihren Job zu erledigen, und womit die Mitarbeiter in irgendeiner Form konfrontiert werden könnten. Seien es innerbetriebliche Veränderungen, die für die Arbeit des Mitarbeiters relevant sind, Informationen über das Unternehmen oder über Personen innerhalb des Unternehmens, die der Mitarbeiter in den Medien finden könnte.

Die Anwesenden erhalten einen genauen Überblick über die Auftragslage sowie Informationen über die Aufträge, die das Unternehmen *nicht* erhalten hat, welches die Gründe dafür waren, ob Magna vielleicht zu teuer war – und wenn ja, um wie viel. Jeder Mitarbeiter soll ein Gefühl dafür bekommen, ob der Betrieb, in dem er arbeitet, profitabel ist oder ob er Verluste macht.

Während meiner Beratungstätigkeit sind mir Arbeiter produzierender Betriebe begegnet, die keine Ahnung hatten, ob „ihr" Unternehmen eine Million Umsatz macht oder ob es theoretisch auch hundert Millionen sein könnten!

Ist die Auftragslage in Ihrem Unternehmen nicht so gut und machen Sie eventuell sogar Verluste, dann informieren Sie Ihre Mitarbeiter auch darüber. Stellen Sie die Gründe dafür sachlich und ohne Schuldzuweisungen dar, aber präsentieren Sie gleichzeitig auch Lösungen, wie Sie planen, das Unternehmen wieder in die Gewinnzone zu führen. Sie wollen Ihre Mitarbeiter ja nicht erschrecken, sondern mit dieser Information Problembewusstsein schaffen, Offenheit zeigen und Orientierung geben.

Viele Führungskräfte neigen beim Übermitteln schlechter Neuigkeiten dazu, diese „in Watte zu packen", sodass kaum mehr erkennbar, geschweige denn verständlich ist, was sie den Mitarbeitern eigentlich sagen wollen. Sagen Sie also nicht: „Wenn sich die derzeitigen Prognosen zur allgemeinen Wirtschaftslage bewahrheiten, ist es im Bereich des Möglichen, dass sich das auch auf unser Geschäft niederschlägt. Sollte dies passieren, könnte es durchaus möglich sein, dass auch unser Unternehmen die Produktionskapazitäten an die Auftragslage anpassen muss."

Denken Sie daran: Ihre Mitarbeiter sind nicht dumm. Und alles, was Sie mit derlei Floskeln bei Ihren Mitarbeitern erreichen, ist Verunsicherung und Rückzug.

Warum sagen Sie nicht einfach: „Wenn wir den Auftrag X nicht bekommen, sinkt unser Auftragsvolumen um 25 Prozent und wir müssen in der Produktion die Mannschaft um 25 Prozent reduzieren. Das heißt, wir sprechen von 40 Mitarbeitern, die wir dann kündigen müssten, dies allerdings frühestens am 1. März des nächsten Jahres. Das ist der heutige Stand der Dinge und an dem Tag, an dem wir selber Klarheit haben, werden wir Sie im Detail darüber informieren."

Ihre Mitarbeiter halten die Wahrheit aus, denn egal, ob positive oder negative Nachrichten: Die Wahrheit bietet Orientierung, und mit Ehrlichkeit und Direktheit schaffen Sie Rückhalt und Vertrauen bei Ihrer Mannschaft.

Außer den Fakten, die unmittelbar die Arbeit betreffen, soll in diesen Meetings auch Platz dafür sein, das Zusammengehörigkeitsgefühl und das Wohlbefinden im Unternehmen zu stärken. So wird zum Beispiel bei Magna bei diesen Treffen darüber informiert, dass am heutigen Tag Herr Meier 25 Jahre im Unternehmen ist und daher ein kleines Geschenk für seine Treue überreicht bekommt. Außerdem hat Frau Müller diese Woche Geburtstag und bekommt von der Geschäftsleitung zu ihrem Ehrentag einen Blumenstrauß.

Ja, es soll im Unternehmen durchaus auch Platz sein, zu feiern, wenn es etwas zu feiern gibt. Zum Beispiel wenn Ihr Unternehmen einen großen Auftrag an Land gezogen hat oder das tausendste Teil vom Band gelaufen ist – was spricht dagegen, sich gemeinsam mit Ihren Mitarbeitern darüber zu freuen? Es handelt sich um kleine Gesten, die nicht viel Anstrengung benötigen, die bei Ihren Mitarbeitern aber Wohlbefinden und Zugehörigkeit hervorrufen und ihre Grundbedürfnisse nach Anerkennung und Wertschätzung befriedigen.

Bei Magna ist es außerdem üblich, diese Meetings während der Arbeitszeit abzuhalten, und es wird sogar die Produktion dafür unterbrochen. Ich muss nicht betonen, welches Gewicht diese monatlichen Gespräche dadurch bekommen und welche Wertschätzung dem Mitarbeiter durch diese scheinbar kleine Geste zuteil wird.

Kommunikation ist Chefsache

Als ich zu Magna kam, konnte ich kaum glauben, mit welcher Intensität diese Mitarbeiter-Meetings jeden Monat durchgeführt wurden. Auch das Engagement, das von der Geschäftsleitung in die Vorbereitung dieser Termine gesteckt wurde, beeindruckte mich.

Es ist aber durchaus keine Selbstverständlichkeit, dass die Geschäftsleitung persönlich und vor allem regelmäßig direkt an die Belegschaft herantritt, wie mich die Praxis in anderen Unternehmen gelehrt hat. In vielen Klein- und Mittelbetrieben ist es üblich geworden, einen Kommunikationsverantwortlichen für die Mitarbeiterinformation zu bestimmen, der in regelmäßigen Treffen über die wesentlichen Dinge im Unternehmen informiert. Auch vor dem Hintergrund, dass es unterschiedliche Unternehmensformen, Unternehmensgrößen und zahllose Organisationsformen gibt, bin ich der Ansicht, dass diese Vorgehensweise falsch ist. Erinnern wir uns an das Grundbedürfnis der Mitarbeiter nach Orientierung. Die Mitarbeiter wollen niemandem zuhören, der „aus ihren eigenen Reihen im Namen des Chefs“ zu ihnen spricht. Sie wollen den Kopf ihres Unternehmens sehen, ihn wahrnehmen, ihm zuhören, ihm Fragen stellen dürfen.

Der Geschäftsführer selbst (oder einer der Geschäftsführer oder der Vorstand, je nachdem, wie das jeweilige Unternehmen strukturiert ist) sollte sich die Zeit nehmen, einmal im Monat vor seine Belegschaft zu treten, um oben angeregte Basisinformationen zu übermitteln. Selbstverständlich sollen im Anschluss daran in den einzelnen Abteilungen des Unternehmens die jeweiligen Informationen im erforderlichen Detaillierungsgrad vom zuständigen Abteilungsleiter noch einmal genauer erörtert werden. Denn für die Buchhaltung sind möglicherweise Informationen über Veränderungen in der Produktion nicht so relevant, wie sie es für die Versandabteilung und den Einkauf sind. Die Information über einen eingegangenen Großauftrag ist in der Produktion von völlig anderer Bedeutung als in der Portierloge und in der Telefonzentrale.

Aber es führt kein Weg daran vorbei, sich als Geschäftsführer oder Vorstand in regelmäßigen Abständen für die Mitarbeiter Zeit zu nehmen und für sie erreichbar zu sein.

Seien Sie als Führungskraft, Geschäftsführer oder Vorstand vorsichtig mit zu viel Distanz und Anonymität. Distanz ist schnell aufgebaut, sie wieder zurückzunehmen ist weitaus schwieriger. Wenn Sie dahinterkommen und auch schon deutliche Signale erhalten, „zu weit weg" und nicht mehr „am Ball" zu sein, ist oft bereits sehr viel Zeit vergangen und der Abstand zum Geschehen zu groß geworden, um ihn wieder wettzumachen. Um mit Ihren Mitarbeitern in Kontakt zu bleiben, sollten Sie sich regelmäßig der Themen und Belange annehmen, die für die Mitarbeiter wichtig sind.

Zwei klassische Beispiele für Themen, die Mitarbeiter bewegen, sind die Betriebskantine und die Parkplatzsituation. Mit diesen beiden Themen war ich sowohl bei Magna als auch bei meinen früheren Jobs wiederholt konfrontiert.

Beim Thema Kantine sind es beispielsweise die Qualität des Essens (glücklicherweise sind Geschmäcker verschieden, denn sonst wäre Sushi eine österreichische Nationalspeise), die Menge und der Preis, die regelmäßig zu Diskussionen führen.

Beim Thema Parkplätze ist es die Tatsache, dass alle direkt vor dem Firmentor parken wollen. Das artet nicht selten in richtige Kämpfe und

Streitigkeiten aus. Diese und ähnliche Themen sollten in jedem Fall beim monatlichen Mitarbeiter-Meeting besprochen werden. Vielleicht ist Ihnen als Vorgesetzter zu Ohren gekommen, dass die Mitarbeiter mit der Kantine nicht zufrieden sind? Dann thematisieren sie das, gehen Sie der Sache auf den Grund. Woran liegt die Unzufriedenheit? Sind die Mengen zu klein, ist der Preis für das Menü zu hoch oder gibt es zu wenig „gesunde" Speisen?

Haben Sie als Vorgesetzter davon gehört, dass es Streitigkeiten wegen der vorderen Parkplätze gibt? Bringen Sie das Thema beim Mitarbeiter-Meeting auf den Tisch! Die Auftragslage ist gerade gut, der Mitarbeiterstand so hoch wie nie, deshalb sind die Parkplätze knapp! Bringen Sie Lösungsvorschläge! Informieren Sie über einen Grundstückszukauf (falls Sie einen solchen planen), auf dem neue Parkplätze entstehen sollen. Schlagen Sie bis zur Fertigstellung der neuen Parkmöglichkeiten ein Rotationsprinzip vor, sodass jeder Mitarbeiter in regelmäßigen Abständen „vorne" parken kann.

Seien Sie sich bloß nicht zu gut dafür, sich mit solchen Themen auseinanderzusetzen! Auch wenn Sie vermeintlich „Wichtigeres" zu tun haben, als sich um Parkplatzregelungen und Menüpreise zu kümmern. Vielleicht erscheinen Ihnen diese Dinge in Ihrem beruflichen Alltag banal – es sind aber Anliegen, die Ihren Mitarbeitern wichtig sind, und damit sollten diese Themen für Sie in gleichem Maße Bedeutung haben!

Es steht Ihnen als Führungskraft nicht zu, darüber zu entscheiden, was für ihre Mitarbeiter wichtig sein darf und was nicht – in diesem Fall gehört Ihren Mitarbeitern die Themenführerschaft!

Reden ist Gold – Schweigen kostet!

Sie haben sich bestimmt schon gefragt, ob es tatsächlich notwendig ist, bei Mitarbeiterinformationen derart ins Detail zu gehen. Vielleicht haben Sie sich auch gefragt, ob es überhaupt „angebracht" ist, sich so genau in die Karten schauen zu lassen, und ob es denn nicht genügt, wenn über „die wirklich wichtigen Dinge“ nur der innere Führungskreis im Unternehmen Bescheid weiß. Möglicherweise ertappen Sie sich selbst dabei, dass Sie während des Lesens beschlossen haben, diese regelmäßigen Informationsmeetings ebenfalls abzuhalten, überlegen aber gleichzeitig, das mit den Aufträgen, die Sie *nicht* bekommen haben, unter den Tisch fallen zu lassen, oder das kleine Minus, das Sie zum Geschäftsjahresende erwarten, Ihren Mitarbeitern gegenüber nicht zu erwähnen. Denn ganz sicher ist das ja noch nicht – wozu also die Leute unnötig beunruhigen?

Finden Sie sich wieder? Falls ja, lege ich Ihnen ans Herz, mit jenen Angelegenheiten, die Sie Ihren Mitarbeitern nicht sagen, äußerst sparsam umzugehen. Schlechte oder unpopuläre Nachrichten verkaufen sich schlecht. Aber auch und gerade in Krisenzeiten kommen Sie ohne die Unterstützung Ihrer Mitarbeiter nicht aus. In diesen Fällen ist Reden Gold – und Schweigen kostet, und zwar Vertrauen und Motivation. Themen, die Sie Ihren Mitarbeitern vorenthalten, besprechen Sie am besten auch mit sonst niemandem!

Nach meinem Führungsverständnis ist nicht einzusehen, dass Sie als Führungskraft oder Geschäftsführer der Einzige sein sollten, der über die Geschäftslage Kenntnis hat. Sie irren sich nämlich gewaltig, wenn Sie glauben, dass es nur Ihre Angelegenheit als Führungskraft sei, sich um das Unternehmen zu sorgen oder sich über den Geschäftsverlauf Gedanken zu machen! Verabschieden Sie sich von der Überlegung, was Ihre Mitarbeiter wissen *dürfen* und was nicht. Ich sage Ihnen: Ihre Mitarbeiter dürfen alles wissen und Ihre Mitarbeiter haben sogar ein Recht darauf, alles zu erfahren! Denn im Sturm brauchen Sie Leute, die rudern und nicht die Hände falten und andächtig beten.

Warum sollte sich nur die Führungsetage Gedanken über die Ursachen für einen entgangenen Auftrag und die Auswirkungen machen? Wenn Sie Ihren Mitarbeitern davon erzählen, ist ihnen sofort klar, dass sie auf die nächste Lohnerhöhung wohl noch ein wenig warten und dass sich alle gemeinsam noch mehr anstrengen müssen. Wie argumentieren Sie als Führungskraft abgelehnte Lohnerhöhungen, wenn Sie Ihren Mitarbeitern vorenthalten haben, dass das Geschäft gerade nicht so gut läuft? Wie argumentieren Sie Kündigungen, wenn Ihre Mitarbeiter nie etwas davon mitbekommen haben, dass das Unternehmen in Schwierigkeiten steckt?

Wenn es um positive Nachrichten geht, ist es sehr leicht, diese den Mitarbeitern zu überbringen, da können wir als Führungskräfte oft nicht detailliert genug kommunizieren. Schwieriger wird es bei schlechten Nachrichten. Die Verantwortung dafür, wenn im Unternehmen etwas schlecht gelaufen ist, tragen unverändert Sie als Führungskraft, aber wenn Sie Ihren Mitarbeitern gegenüber offen und ehrlich sind und nichts beschönigen, dann sind Sie nicht mehr der Einzige, der sich über die Probleme Gedanken macht, und Sie sind nicht mehr der Einzige, der über Lösungen nachdenkt.

Ich kenne Unternehmen, welche die Idee der monatlichen Informationsmeetings durch den Geschäftsführer aufgegriffen haben. Sie sagen allerdings die Treffen an jenen Tagen einfach ab, an denen der Geschäftsführer der Ansicht ist: „Es gibt heute nichts Neues!“ Nun, das mag sein, aber woher will er wissen, ob es nicht innerhalb der Belegschaft durchaus Themen gibt, die für die Mitarbeiter von Bedeutung sind und die sie gern mit dem Geschäftsführer besprechen würden? Es mag Zeiten geben, in denen tatsächlich alles rund läuft und es sowohl auf Geschäftsleitungs- wie auch auf der Mitarbeiterseite keine herausragenden Ereignisse gibt. Aber glauben Sie mir, das sind auch genau die Zeiten für vermeintliche Kleinigkeiten, die bei Nichtbeachtung zum großen Thema heranwachsen können und die dann zu einem Zeitpunkt ausbrechen, der denkbar ungünstig ist (eine Krise kommt selten allein). Veranstalten Sie die Treffen daher trotzdem, auch wenn Sie mit vermeintlich wenig Inhalt vor Ihre Mitarbeiter treten. Wenn Sie anfangen, immer nur dann zu informieren, „wenn etwas passiert ist“, erzeugen Sie schon durch die Einladung zu diesen Treffen Unruhe und Angst innerhalb Ihrer Belegschaft.

Zuerst die Mitarbeiterinfos – dann die Presse!

Neben den regelmäßigen Informationsveranstaltungen ist es ganz wichtig, dass Sie unvorhergesehene oder außerordentliche Ereignisse so rasch wie nur möglich an die Mitarbeiter kommunizieren. Das bedeutet im Idealfall: SOFORT. Das Schlimmste, was passieren kann, ist, dass Ihre Mitarbeiter Neues aus den Medien erfahren. Mir ist bewusst, dass dies ein sehr hoher Anspruch ist. In Zeiten, in denen sämtliche Informationen bereits im Internet kursieren, noch lange bevor die Zeitung in Druck geht, ist das durchaus eine Herausforderung. Aber ich weiß aus Erfahrung, dass es machbar ist. Seien Sie sich einfach im Klaren darüber, dass Sie ab dem Zeitpunkt, an dem Sie eine Information an einen Journalisten weitergeben, keine Zeit mehr haben. Denn Sie befinden sich im Taifun und werden mit einer Windgeschwindigkeit von bis zu 200 Stundenkilometern bewegt, um bei der Metapher aus dem Vorwort zu bleiben. Im besten Fall bleibt Ihnen eine halbe Stunde, bis die Meldung im Internet steht.

Verinnerlichen Sie also folgende Vorgehensweise: Noch bevor Sie mit irgendeinem Medienvertreter, Kunden oder Lieferanten sprechen, informieren Sie Ihre Mitarbeiter. Ob Sie nach der Information der Mitarbeiter eine halbe Stunde oder zwei Stunden später mit dem ersten Medienvertreter beziehungsweise Betriebsfremden sprechen, spielt dann keine große Rolle mehr. Also: Die Mitarbeiter zuerst! Ich zeige Ihnen dazu ein für mich herausragendes und prägnantes Beispiel, das auch mein eigenes Kommunikationsverhalten stark geprägt hat.

Die Russen kommen!

Als im Mai 2007 der russische Oligarch Oleg Deripaska bei Magna einstieg, wurde vom Unternehmen folgende Kommunikationsstrategie verfolgt:

Zu Beginn waren überhaupt nur sechs Personen bei Magna über die Sache informiert: Frank Stronach selbst sowie seine beiden CEOs und CFOs und der CLO (Chief Legal Officer). Als der Deal perfekt war, wurden sämtliche Vorstände der neun Magna-Gruppen sowie alle Geschäftsführer der weltweit damals ca. 300 Magna-Standorte zu einer Telefonkonferenz um 15 Uhr MEZ geladen. Somit waren in dieser Telefonkonferenz mehr als 300 Leute zusammengeschaltet. 300 Personen hörten zu, drei Leute sprachen: Frank Stronach selbst und die beiden CEOs Siegfried Wolf und Don Walker. Diese drei Herren übermittelten nun dem weltweiten Magna-Führungskreis zunächst die Nachricht von der bevorstehenden Beteiligung Oleg Deripaskas an der Magna und informierten darüber, welche Auswirkungen diese Tatsache auf die tägliche Arbeit jedes Einzelnen im Unternehmen haben würde. In diesem Fall nämlich keine, da Oleg Deripaska ausschließlich als Finanzinvestor fungierte und sowohl die Aktien- als auch die Stimmenmehrheit am Konzern bei Frank Stronach und seinen beiden CEOs blieb. Die 300 Zuhörer hatten die Gelegenheit, Fragen zu stellen, um alle Unklarheiten auszuräumen, und natürlich war bei allen die Zufriedenheit darüber spürbar, so eine wichtige Information aus erster Hand zu einem so frühen Zeitpunkt zu erhalten. Noch während der Telefonkonferenz wurden fünf PowerPoint-Präsentationsseiten per E-Mail an alle Zuhörer an allen Standorten versandt mit der Bitte, kurzfristig für 16 Uhr MEZ, also eine Stunde später, ein Mitarbeiter-Meeting in jedem Werk einzuberufen und die Mitarbeiter vom Einstieg Oleg Deripaskas zu informieren. Somit übermittelten um 16 Uhr MEZ die jeweiligen Geschäftsführer die Informationen, die sie eine Stunde zuvor in der Telefonkonferenz erhalten hatten, ihren Mitarbeitern. Es wurde ihnen genau erklärt, weshalb es zu dem Finanzinvestment von Oleg Deripaska gekommen war und wie sich das auf das Tagesgeschäft bei Magna auswirken würde (in Kurzfassung: massive Erhöhung der Marktchancen in Russland, einem der künftig weltgrößten Automobilmärkte; quasi keine Auswirkungen auf das operative Tagesgeschäft jedes einzelnen Mitarbeiters). Um 17 Uhr MEZ, also eine weitere Stunde später, gab es eine Pressekonferenz in Kanada (Ortszeit dort: 11 Uhr), in der die weltweite Presse von Frank Stronach und den beiden CEOs über den Einstieg von Oleg Deripaska bei Magna informiert wurde.

Um 15 Uhr erfolgte die erste Information an den Führungskreis, um 16 Uhr wurden weltweit alle Mitarbeiter informiert. Um 17 Uhr MEZ fand dann die Pressekonferenz in Kanada (11 Uhr Ortszeit) statt. Die Information war also längst in den Online-Medien, als sie um 18 Uhr erstmals in den TV-Nachrichten gesendet wurde und ab diesem Zeitpunkt eines der beherrschenden Themen der abendlichen Nachrichtensendungen war.

Nun stellen Sie sich einen Magna-Mitarbeiter vor (dies ist im Übrigen auch wieder eine wahre Begebenheit), der an diesem Tag etwas länger gearbeit hat, nach der Arbeit noch kurz mit Freunden ein Bier getrunken hat und um 20 Uhr schließlich nach Hause gekommen ist: Er wird bereits von seiner Frau erwartet, die mit verschränkten Armen in der Tür steht und sofort loslegt: „Ich hoffe, du weißt schon, was bei dir in der Firma los ist. Ihr seid von den Russen gekauft worden!" Der Mitarbeiter antwortet: „Natürlich weiß ich, was los ist, und zwar schon seit 4 Uhr am Nachmittag. Und außerdem ist das nicht ganz so, sondern Oleg Deripaska ist ausschließlich als Finanzinvestor zu uns gekommen, auf unser tägliches Geschäft hat das keinerlei Auswirkungen, auf meine Arbeit auch nicht, außerdem ist sowohl die Aktien- wie auch die Stimmenmehrheit bei Herrn Stronach und den beiden CEOs ..."

Der Mitarbeiter ist stolz, so kompetent Auskunft geben zu können. Die Gattin ist beruhigt und läuft sofort zur Nachbarin, welche die Information in den 18-Uhr-Nachrichten gehört und ihr über den Zaun zugerufen hatte: „Hast du schon gehört, die Russen haben die Magna gekauft – muss dein Mann jetzt Russisch lernen ...?"

Dies als perfektes Beispiel einer Kommunikation von wichtigen Ereignissen, bei der sichergestellt wurde, dass die eigenen Mitarbeiter vor den Medien Bescheid wissen. Besser kann man es meiner Ansicht nach nicht machen.

Das Gegenteil verdeutlicht ein Beispiel, das ich aus meiner Beratungstätigkeit kenne:

Geheimer Baustopp

Ein bayerischer Mittelbetrieb in einer Stadt mit 14.000 Einwohnern und mit rund 600 Mitarbeitern entschied sich im Jahr 2007, dem Geschäftsfeld einen weiteren Bereich hinzuzufügen, wofür bauliche Veränderungen notwendig waren. Nämlich der Bau einer Halle von rund 3000 Quadratmetern, die vom Eingangsbereich des Firmengeländes frei sichtbar war. Als sich Ende des Jahres 2007 eine schlechte Bilanz abzeichnete und als es auch noch erste Anzeichen dafür gab, dass sich im Jahr 2008 der neue Bereich nicht so entwickeln würde wie ursprünglich prognostiziert, beschloss man im Dezember 2007, den Bau vorübergehend einzustellen. Dahinter stand die Absicht, das erste Quartal 2008 abzuwarten und zu sehen, wie sich das neue Geschäftsfeld entwickeln würde, und dann über die weitere Vorgehensweise zu entscheiden.

Und ob Sie es glauben oder nicht – es wurde entschieden, die Mitarbeiter über den Baustopp nicht zu informieren. Es war keine Zeit dafür, die Geschäftsleitung und der Vorstand hatten Wichtigeres um die Ohren, außerdem war es natürlich ein denkbar peinlicher Umstand, inmitten des Projektes einen Baustopp verhängen zu müssen.

Erst als ich im Zuge meiner Beratungstätigkeit durch Zufall dahinterkam (denn auch mir als Berater sollte die Einstellung des Baus verheimlicht werden), konfrontierte ich den Vorstand des Unternehmens und die Geschäftsleitung mit der Frage: „Was denken Sie denn, wie lange es dauern wird, bis die Mitarbeiter merken, dass im Kran vor der Halle keiner mehr sitzt und dass keine LKWs der Baufirma mehr im Firmengelände ein- und aus fahren?"

Es dauerte natürlich keinen Tag, bis die ersten Mitarbeiter davon erfuhren, denn die Geschäftsleitung musste über den Baustopp naturgemäß zuvor den Projektverantwortlichen informieren und der wiederum Lieferanten und Baufirmen entsprechende Anweisungen erteilen. Und es ist unschwer zu erraten, wie lange so etwas in einer Kleinstadt geheim bleiben kann.

Die Mitarbeiter waren entsprechend irritiert, es kursierten bald die wildesten Spekulationen im Unternehmen über die Gründe des Baustopps. Viel Fantasie brauchte es nicht, um zu erkennen, dass die Überlegungen finanzieller Natur sein mussten, da zu dem Zeitpunkt schon bekannt war, dass es um das Unternehmen nicht sehr gut bestellt war. Zum Zeitpunkt, als der Baustopp dann endlich Thema einer Mitarbeiterversammlung war, als Randnotiz wohlgemerkt, war es natürlich für diese Information viel zu spät. Die Mitarbeiter hatten sich längst ihr eigenes Bild gemacht, das durch die Gerüchteküche draußen in der Öffentlichkeit täglich neue Nahrung bekam. Sie fühlten sich nicht ernst genommen, weil die Geschäftsleitung sie über den Baustopp nicht informiert hatte. Und sie machten sich noch mehr Sorgen, da sich in der Mitarbeiterversammlung bestätigte, dass das Unternehmen in Turbulenzen geraten war. Und natürlich ist es für einen Mitarbeiter ärgerlich, wenn er von einem Bekannten vor dem Tiefkühlregal im Supermarkt hören muss: „Ihr habt den Bau einstellen müssen, weil ihr nicht mehr zahlen könnt! Wie lange das wohl noch gut geht?" – und nicht einmal irgendetwas darauf antworten kann.

Offene Kommunikation auch und gerade in Krisenzeiten

Das Beispiel „geheimer Baustopp“ macht deutlich, dass viele Führungskräfte gerade in Krisenzeiten oder beim Überbringen von schlechten Nachrichten in ein extrem defensives Kommunikationsverhalten zurückfallen. Sie hoffen, dass dies von den Mitarbeitern und ihrer Umgebung nicht bemerkt wird. Allerdings sollte *gerade* in Krisenzeiten eine offene Kommunikation das oberste Gebot sein. Wie das in der Praxis aussehen kann, zeigt das folgende Beispiel:

Ein Unternehmen mit 30 Mitarbeitern im Einzelhandel in einer österreichischen Kleinstadt, dessen Eigentümer an dem Tag, an welchem er den Konkursantrag beim zuständigen Gericht stellte, zuerst persönlich seine Mitarbeiter informierte. Gleichzeitig versandte er mit der Mitarbeiterinformation folgende Nachricht im Original an alle Lieferanten, Kunden und Freunde:

Liebe Freunde, werte Lieferanten, sehr geehrte Kunden!

Ich möchte Sie/euch über eine einschneidende Veränderung in meinem Berufsleben informieren.

Seit langer Zeit bemühen meine Frau und ich uns mit hohem persönlichem Einsatz und Freude, unsere Firma erfolgreich zu führen. Der Konkurrenzdruck der Großflächenanbieter, das Internet und der Mitbewerb vor Ort, der unendliche finanzielle Ressourcen hat, bringt in der Elektrobranche immer kleinere Deckungsbeiträge. Die Aussicht auf die Errichtung eines Einkaufszentrums mit einem Elektromarkt in unserer Stadt, die mangelnden Perspektiven für das kommende Jahr und der ständige Preisverfall in unserer Branche haben uns zur wohlüberlegten Entscheidung gebracht, unser Geschäft zu schließen. Nachdem die Hö-

he der Mitarbeiterforderungen (Abfertigungsansprüche/nicht genommene Urlaubstage) bereits sehr groß ist, wäre es nicht mehr möglich, den Betrieb ohne weitere Einbringung von privatem Vermögen zu schließen. Aus diesem Grund werden wir am Freitag, den 10. Dezember dieses Jahres, bei Gericht den Antrag auf ein Insolvenzverfahren einreichen. Verläuft alles nach Plan, möchten wir dieses rasch durch einen Zwangsausgleich beenden und uns dann einer neuen Aufgabe widmen.

Freundliche Grüße, Max

Ich habe in meiner gesamten Berufslaufbahn keine weitere Konkursabwicklung mitverfolgen können, bei der – nach dieser offenen und ehrlichen Information – ein derartiges Wohlwollen seitens der Kunden, Lieferanten und auch von Behörden und Mitarbeitern gegeben war. Mit dieser Vorgehensweise wurde nachhaltig allen Gerüchten der Wind aus den Segeln genommen – ganz einfach durch Offenheit und Transparenz.

Gedacht ist nicht gesagt!

Bisher haben wir uns in diesem Kapitel mit dem Zuhören und mit der Wichtigkeit einer ehrlichen und transparenten Kommunikation mit den Mitarbeitern beschäftigt. Bei all unseren kommunikativen und informativen Tätigkeiten werden wir als Führungskräfte aber nur an einem Parameter gemessen: Was von dem, was wir sagen, kommt bei den Mitarbeitern genauso an, wie wir es meinen. Denn:

Gedacht ist nicht gesagt, gesagt ist nicht gehört,
gehört ist nicht verstanden, verstanden ist nicht einverstanden,
einverstanden ist nicht durchgeführt,
durchgeführt ist nicht beibehalten,
beibehalten ist nicht für immer gültig!

Konrad Lorenz

Wie oft ist es Ihnen schon passiert, dass Sie sich etwas gedacht haben und auch der Meinung waren, es ausgesprochen zu haben, was dann tatsächlich aber nicht der Fall war? Das geschieht in der Hektik unseres Berufsalltags nur allzu oft. Sie werden es nicht immer verhindern können, aber achten Sie darauf. Um einen Fehler zu vermeiden, reicht oft schon das Bewusstsein darüber, wie er passieren *kann*.

Nicht minder oft neigen Führungskräfte dazu, „von etwas auszugehen" und etwas „als selbstverständlich" zu betrachten. Das ist eine muntere Quelle für Missverständnisse und Fehlinterpretationen, und dabei wäre es gar nicht schwer, es besser zu machen.

Sprechen Sie Ihre Erwartungen und Forderungen an Ihre Mitarbeiter immer explizit und akkurat aus und halten Sie sich dabei an die Empfehlungen, wie Forderungen zielsicher zu formulieren sind (siehe Kapitel „Führungsverhalten"). Tun Sie das auch dann, wenn sich Forderungen, Wünsche und Erwartungen in regelmäßigen Abständen wiederholen.

Wie oft ist es schon vorgekommen, dass Sie etwas gesagt haben, aber nicht gehört wurden, weil der Empfänger Ihrer Botschaft Sie ganz einfach nicht hören *konnte*, gerade mit seinen Gedanken ganz woanders war oder Sie gar nicht hören *wollte*? Selbst wenn Ihr Mitarbeiter *gehört* hat, was Sie gesagt haben, heißt das noch lange nicht, dass er es *verstanden* hat.

Sehr oft wird (nicht nur von Führungskräften) die Frage in den Raum gestellt: „Haben das jetzt alle gehört?" Und das einhellige Nicken, welches auf diese Frage folgt, wird dann fälschlicherweise als ein „Es haben auch alle verstanden" interpretiert.

Gleiches gilt für die Frage „Haben mich jetzt alle verstanden?". Die Umstehenden nicken und der Fragende denkt, es sind auch alle „einverstanden". Dabei ist es eigentlich klar, dass „etwas verstanden zu haben" etwas ganz anderes bedeutet, als „mit etwas einverstanden" zu sein.

Zusammenfassung und Empfehlungen

- Hören Sie Ihren Mitarbeitern zu und nehmen Sie sich bewusst Zeit dafür!
- Informieren Sie Ihre Mitarbeiter in regelmäßigen Abständen über alle Themen, die für sie von Bedeutung und Interesse sind!
- Halten Sie an Ihrer Informationsroutine fest, sowohl in wirtschaftlich schwierigeren Zeiten als auch in Zeiten, in denen es gut läuft!
- Sagen Sie keine Termine zur Mitarbeiterinformation ab, weil aus Ihrer Sicht nichts Wichtiges zu besprechen ist. Es kann durchaus sein, dass es innerhalb der Belegschaft Themen gibt, die den Mitarbeitern wichtig sind und die einer Erörterung bedürfen! Sie bestimmen nicht allein, was wichtig ist und was nicht!
- Vermeiden Sie „Führen aus der Distanz" und halten Sie Kontakt zu Ihren Mitarbeitern – sowohl menschlichen wie auch fachlichen!
- Seien Sie sich nicht zu gut dafür, auch vermeintlich banale Themen zu besprechen!
- Informieren Sie Ihre Mitarbeiter immer, *bevor* Sie die Presse informieren!
- Mitarbeiterkommunikation ist Chefsache! Delegieren Sie das Überbringen guter und schlechter Nachrichten nicht!
- Themen, über die Sie mit Ihren Mitarbeitern nicht sprechen, sollte auch sonst niemand erfahren!
- Gedacht ist nicht gesagt, gesagt ist nicht gehört! Kommunizieren Sie präzise und unmissverständlich – Sie tragen die Verantwortung dafür, dass Ihre Mitarbeiter Sie richtig verstehen!

Dos und Dont's für Ihr Kommunikationsverhalten

In der Kommunikation gibt es keine „Reset"-Funktion.

Martina Paischer

Eine gute Führungskraft besticht nicht nur durch Zuhören, offene Kommunikation und Information zum richtigen Zeitpunkt. Sie weiß auch um die Kraft ihrer Worte und um die Verantwortung, die mit diesen Worten und der dazugehörigen Körpersprache einhergeht. Eine gute Führungskraft steht – im wahrsten Sinne – zu ihrem Wort, indem sie genau abwägt, *was* sie sagt und *wie* sie es sagt. Eine gute Führungskraft weiß auch, dass es in der Kommunikation nicht nur allein um Worte geht, sondern auch um die Wirkung der Worte und um die Wirkung der Körpersprache (Mimik, Gestik und dergleichen).

Es gibt Berufsgruppen (Ärzte, Rechtsanwälte, Werbefachleute usw.), die sogar aus juristischen Gründen für das verantwortlich sind, was sie kommunizieren. Was denken Sie, wie die Menschen auf ihre Kommunikation achten würden, wenn das bei allen so wäre? Die meisten würden bestimmt intensiv nachdenken, bevor sie eine Information senden – was für ein schöner Gedanke!

Verletzungen verbaler Natur, ob beabsichtigt oder nicht, abfällige Handbewegungen und Gesten, bewusst oder unbewusst, verfehlen ihre Wirkung nicht und hinterlassen Narben. Sie können auch eine Ohrfeige, die Sie einem Kind geben, nicht einfach mit einem „Es tut mir leid, das war nicht so gemeint!" zurücknehmen, geschweige denn ungeschehen machen. Und auch verbale Kränkungen sind mit einem „Es tut mir leid, das habe ich nicht so gemeint!" oder „Das ist mir einfach herausgerutscht, ich bin halt so!" nur oberflächlich zu sanieren.

Geschehen zwischen Führungskraft und Mitarbeiter häufiger Beleidigungen oder Verletzungen, wird die Beziehung zueinander immer empfindlicher und zerbrechlicher. Diese Tatsache sollte man sich als Führungskraft vor Augen halten, vor allem dann, wenn man zu abschätzigen Handbewegungen und verächtlichen Bemerkungen oder Gesten neigt. Der Mitarbeiter speichert das auf seiner „Festplatte". Dafür sorgt sein Unbewusstes. Irgendwann ist das Konto überzogen, das gute Arbeitsverhältnis für immer getrübt und die innere Kündigung ausgesprochen.

Abfällige Gesten und Handbewegungen

Auch die im folgenden Beispiel (es stammt aus einer meiner Beratungen) erwähnte Assistentin hatte aufgrund der wiederholten abfälligen Gesten und Handbewegungen ihres Vorgesetzten bereits innerlich gekündigt. Drei Monate nach dem unten beschriebenen Vorfall vollzog sie dann die innere Kündigung nach außen hin und verließ das Unternehmen.

Der Geschäftsführer eines Unternehmens teilte seiner Assistentin unter Zeitdruck Folgendes mit: „Für den Termin morgen um 8 Uhr brauche ich noch eine ordentliche Präsentation! Führen Sie diese Informationen entsprechend zusammen!" Während er das in einem fahrigen und schroffen Ton sagte, warf er der Assistentin von Weitem die dazu benötigten Unterlagen auf den Tisch und ein Teil davon landete auf dem Boden.

Die Assistentin hob die Unterlagen vom Boden auf, sortierte die Papiere und machte sich an die Arbeit. Sie war peinlich berührt von dem abschätzigen Verhalten ihres Vorgesetzten, da sich diese Szene im Beisein von Kollegen abspielte. Außerdem musste sie an diesem Abend eine private Verabredung absagen, um die geforderte Arbeit zu schaffen.

Der Vorgesetzte, von dem hier die Rede ist, verlor unter Zeitdruck und in Stresssituationen regelmäßig die Beherrschung und hatte durch sein wiederholtes herablassendes Verhalten den Respekt seiner Mitarbeiter bereits weitgehend eingebüßt. Nachdem sich zu diesen Verhaltensweisen auch noch ein geschäftlicher Misserfolg hinzugesellte, war es für die Eigentümer ein Leichtes, den Geschäftsführer abzulösen, ohne mit Widerstand der Führungsmannschaft rechnen zu müssen. Diesen Widerstand gab es auch tatsächlich nicht, da die meisten Mitglieder des Führungsteams sowie Kollegen und Mitarbeiter durch die oben beschriebenen Verhaltensweisen zu sehr verletzt waren, als dass sie für den Geschäftsführer noch Partei ergriffen hätten.

Leider funktioniert Konrad Adenauers „Was interessiert mich mein Geschwätz von gestern?“ nicht, wenn es um Beleidigungen und Kränkungen geht. Das gilt nicht nur für verbale, sondern auch für nonverbale Kränkungen, die durch Körpersprache, Gestik und Mimik zum Ausdruck gebracht werden. Die Mitarbeiter registrieren ganz genau, was und wie ihr Vorgesetzter kommuniziert. Sie achten besonders in Krisenzeiten oder Stresssituationen darauf. Vor allen Dingen – ich habe das an früherer Stelle schon angemerkt – imitieren Mitarbeiter das Verhalten ihrer Vorgesetzten. Was kann es Schlimmeres für die Unternehmenskultur und den Umgang miteinander geben?

Abschätzige Körpersprache, Gestik und Mimik sind sehr häufig bei einer ganz speziellen Art von Führungskräften, nämlich den Fußballtrainern, anzutreffen.

Eine Zeit lang coachte ich einen Trainer der Fußballbundesliga zum Thema Sozialverhalten. Eines der vorrangigen Probleme, an denen wir arbeiteten, hatte mit seiner automatisierten Reaktion beziehungsweise Handbewegung zu tun, die man sehr oft im TV oder bei Live-Spielen auch bei anderen Fußballtrainern zu sehen bekommt. Sie kennen bestimmt die Gestik eines Trainers nach einer vergebenen Chance oder einem Fehler: Die Hand saust in einer schnellen Bewegung von oben nach unten, während er sich gleichzeitig abwendet.

Zusätzlich zur ohnehin schon diffamierenden Gebärde in Richtung Spielfeld und in Richtung des betreffenden Spielers schlug besagter Trainer die Hände vors Gesicht, nachdem er sich abgewandt hatte. Aus der Arbeit mit Trainer und Mannschaft wusste ich, dass die Spieler diese Handbewegung ihres Trainers trotz der Hektik auf dem Spielfeld sehr wohl wahrnahmen und dieser missbilligende Reflex seine demotivierende Wirkung nicht verfehlte. Das wurde unter anderem dadurch augenscheinlich, dass die Spieler über ihren Trainer nur noch in der dritten Person sprachen („Er" behandelt uns wie Vollidioten ...). Die Mannschaft war auch nicht mehr bereit, eine positive Beziehung zu ihrem Trainer aufzubauen, sondern kommunizierte nur noch auf der Sachebene mit ihm.

Neben dem geringschätzigen Verhalten durch Körpersprache, Gestik und Mimik gibt es im täglichen Führungsalltag jede Menge klassischer Fallstricke in der Kommunikation. Jene, die in meinem Berufsalltag und in meiner Tätigkeit als Wirtschaftsmediator am häufigsten vorkommen, sollen hier behandelt werden.

Wenn es Ihnen gelingt, die folgenden Formulierungen zu vermeiden, wird Ihnen Ihre Führungsarbeit und die Diskussion mit Ihren Kollegen und Mitarbeitern leichter fallen. Lassen Sie die einzelnen Sätze auf sich wirken. Sprechen Sie sie am besten laut aus, um Wort für Wort in seiner Bedeutung zu erfassen und sich dieser bewusst zu werden. Es sind alltägliche „Sager" und Lückenfüller, die sich in unseren Wortschatz eingeschlichen haben. Sie sind so normal geworden, dass wir gar nicht mehr über ihre fatale Wirkung nachdenken.

„Man sagt ..., man hört ...“

Diese Redewendung kommt im Berufsalltag immer wieder vor und ist Ihnen vielleicht schon öfter herausgerutscht, wenn nicht sogar geläufig:

„Herr Meier, *man sagt*, dass Sie in letzter Zeit sehr unkonzentriert bei Ihrer Arbeit sind.“

Überlegen Sie einmal genau, wie dieser Satz im umgekehrten Fall auf Sie wirken würde! Ist der Angesprochene selbstbewusst und mutig genug, kann die richtige Antwort meines Erachtens nur lauten: „Wer bitte ist „*man*“?“

Was ist falsch an der Aussage „man sagt“? Im Kapitel „Führungsverhalten“ haben wir festgehalten, dass gute Führungskräfte im „Wir“ denken und handeln, aber mit *Ich-Botschaften* kommunizieren sollen. Um effektiv zu kommunizieren, müssen Forderungen und Fragen konkret und mit einem klaren Referenzindex versehen sein.

Im vorliegenden Fall möchten Sie als Führungskraft wissen, ob es stimmt, dass Ihr Mitarbeiter unkonzentriert ist – und wenn ja, woran es liegt und wie Sie ihm helfen können.

Wenn Sie sagen: „Herr Meier, *man sagt ...*“, tun Sie nichts anderes, als sich hinter einer Pauschalanschuldigung und -formulierung zu verstecken. Damit gehen Sie einer direkten und konstruktiven Auseinandersetzung aus dem Weg.

Beim vorliegenden Beispiel empfehle ich folgende zielführende und ehrliche Fragestellung:

„Herr Meier, ich habe gestern während unseres Meetings zum dritten Mal in dieser Woche wahrgenommen, dass Sie bei Ihrer Arbeit einen sehr unkonzentrierten Eindruck machen. Stimmt dieser Eindruck, und falls ja, was kann ich denn für Sie tun?“

Fühlen Sie den Unterschied? Ihr Mitarbeiter weiß sofort, wer sich über ihn Gedanken macht, und er ist nicht mit einem unbekannten Kollektiv konfrontiert. Er weiß, was Sie über ihn denken, und Sie geben ihm das Gefühl, dass er mit seinem Problem nicht allein ist und Hilfe bekommt.

Dieses „man“ ist eine perfekte und auch gern genutzte Formulierung, wenn es um Gerüchte oder darum geht, ungenaue Informationen oder verborgene Hintergründe festzumachen oder gar weiterzugeben. Ich empfehle Ihnen, sich der Wirkung dieses „Man sagt …, man hört …“ bewusst zu werden und es konsequent aus Ihrem Wortschatz zu verbannen!

Auf eine klare Frage dürfen Sie zu Recht eine klare Antwort erwarten und Ihre Mitarbeiter werden Sie für Ihren offenen Kommunikationsstil schätzen.

„Ja, aber …“

Dieses „Ja, aber …“ hat sich nicht nur umgangssprachlich, sondern im gesamten deutschen wie auch englischen Sprachraum sehr hartnäckig durchgesetzt. Halten Sie einen Moment inne und versuchen Sie, sich Folgendes bewusst zu machen:

„Ja, aber …“ heißt „*Nein*“!

Sie bekommen als Führungskraft von einem Mitarbeiter die Frage gestellt, ob Sie mit dem, was Ihnen als Konzept präsentiert wurde, zufrieden sind. Sie sagen:

„*Ja*, Herr Lindner, das gefällt mir sehr gut, *aber* ich hätte gern, dass Sie den ersten Teil umschreiben, diesen Part streichen und hier noch etwas ergänzen …“

Und was heißt das im Klartext? Im Klartext sagen Sie nichts anderes als: „Nein, Herr Lindner, das Konzept gefällt mir nicht.“ Dies wäre in dem Fall auch die einzig richtige und ehrliche Antwort.

Sie haben als Führungskraft nichts davon, wenn Sie dem Mitarbeiter zuerst vermitteln, das Konzept wäre gut, seine Arbeit im nächsten Atemzug aber völlig auf den Kopf stellen. Ihr Mitarbeiter wird dieses Verhalten als unehrlich einstufen und es könnte der Eindruck entstehen, Sie sind jemand, der es allen um jeden Preis recht machen will. Das gehört definitiv nicht zu Ihren Aufgaben als Führungskraft.

Wenn Sie nun im umgekehrten Fall von einem Ihrer Mitarbeiter ein „Ja, aber ...“ zur Antwort bekommen, machen Sie sich bewusst, dass er eigentlich „Nein!“ meint.

„Herr Lindner, ist die Aufgabe für Sie klar und haben Sie verstanden, was ich von Ihnen möchte?“ Der Mitarbeiter antwortet:

„*Ja*, schon, *aber* können Sie mir noch erklären ...“

Ihr Mitarbeiter sagt Ihnen im Klartext: „Nein, es ist mir nicht klar, was Sie von mir verlangen!“

Der Ausweg aus dieser „Ja, aber ...“-Sackgasse gelingt Ihnen mit einer Formulierung wie „Ja und deshalb“ oder „Ja und darum“, also mit einem „*Ja und*“.

An obigem Beispiel veranschaulicht, könnte es also heißen: „*Ja*, mir ist im Großen und Ganzen klar, was Sie von mir brauchen, *und* zusätzlich würde ich Sie noch bitten, mir folgende Information zu geben.“

Oder: „*Ja*, Herr Lindner, das Konzept gefällt mir grundsätzlich schon sehr gut, *und* zusätzlich würde ich Sie bitten, ...“

Der Vollständigkeit halber sei angemerkt, dass Sie das natürlich nur dann sagen sollten, wenn Sie auch tatsächlich in den Grundzügen mit dem vorliegenden Konzept einverstanden sind. Wenn es Ihnen nicht gefällt, dann sollten Sie das dem Mitarbeiter auch genau so rückmelden: „Nein Herr Lindner, das Konzept gefällt mir nicht. Ich habe offensichtlich nicht deutlich genug vermittelt, worum es mir geht.“

Ich selbst war jahrelang in meinem Berufsalltag und auch im Privatleben mit diesem „Ja, aber ...“ auf dem Weg. Erst im Zuge meiner Ausbildung zum Wirtschaftsmediator habe ich eine gewisse Sensibilität dafür entwickelt.

Gönnen Sie sich einmal den Spaß und zählen Sie mit, wie oft in geschäftlichen und privaten Dialogen dieses „Ja, aber ...“ auftaucht – Sie werden staunen und künftig sehr sparsam damit umgehen, davon bin ich überzeugt!

„Aus gegebenem Anlass ...“

Diese Formulierung ist eine Verallgemeinerung der Spitzenklasse! Was ich damit meine, zeige ich Ihnen anhand des folgenden Beispiels:

In einem deutschen Dienstleistungsunternehmen mit 250 Mitarbeitern wurde folgende E-Mail (Original) an alle Mitarbeiter versandt:

Sehr geehrte Damen und Herren,

betreffend die Nutzung der Besprechungszimmer im Haus wird aus gegebenem Anlass darauf hingewiesen, dass der jeweilige Sitzungsverantwortliche (oder dessen Assistenzbereich) dafür Sorge zu tragen hat, dass die Zimmer nach den Meetings in den entsprechenden Urzustand zurückgebracht werden.

Dies gilt insbesondere für schmutzige Kaffeetassen, Gläser, Teller, leere Trinkflaschen, aber auch für Kabel, die während einer Sitzung aus den Tischen gezogen werden. Es wird entsprechende Kontrollen geben. Bei Nichteinhaltung dieser Vorgehensweise muss mit Konsequenzen gerechnet werden.

Mit der Bitte um Kenntnisnahme und Umsetzung,

die Geschäftsleitung

Von den 250 Mitarbeitern im Unternehmen benutzen maximal 80 Personen die Besprechungsräume. Natürlich fühlten sich aber alle 250 Mitarbeiter angesprochen und fingen an, nachzudenken. Die einen fragten sich: „Warum schreibt man mir denn das überhaupt, wo ich doch noch nie einen Besprechungsraum benutzt habe!?“

Andere dachten sich: „Aber bei den letzten Gesprächen, an denen ich teilnahm, gab es gar keine Getränke!“ Oder: „Ich habe ganz bestimmt kein Kabel herausgezogen!“

De facto handelte es sich um einen einmaligen Anlass, bei dem das Besprechungszimmer unaufgeräumt verlassen worden war. Anstatt herauszufinden, wer den Raum in diesem Zustand zurückgelassen hatte, wurde hier die Pauschalanschuldigung gewählt.

Mit der Phrase „aus gegebenem Anlass" rufen Sie sofort Unmut hervor, ähnlich wie bei der Formulierung „man sagt". Ihre Mitarbeiter wollen wissen, was passiert ist, und sie haben ein Recht darauf. Wenn Sie sich einer Pauschalformulierung wie „aus gegebenem Anlass" bedienen, sind die Mitarbeiter, an die Sie diese Phrase richten, sofort blockiert durch die Frage: „Was ist denn passiert und was habe ich damit zu tun?" Die Mitteilung rückt völlig in den Hintergrund.

Für mich hat auch diese Phrase etwas Unaufrichtiges, Undurchschaubares. Sie bietet die Möglichkeit, eine Konfrontation zu umgehen. Deshalb rate ich Ihnen, auf diese Formulierung konsequent zu verzichten. Nennen Sie das Kind beim Namen, nennen Sie den Anlass, sprechen Sie aus, was passiert ist! Und haben Sie umgekehrt auch den Mut nachzufragen, wenn Sie eine Nachricht mit dieser Formulierung erhalten: „Was war der Anlass?" – und im gegenständlichen Fall durchaus auch: „Welche Konsequenzen sind gemeint und für wen?"

Ein „Klassiker" zum Thema „aus gegebenem Anlass" ist folgende Bitte, die man sehr oft in Schulen, in öffentlichen Gebäuden oder auch in privaten Unternehmungen findet:

„Aus gegebenem Anlass werden Sie gebeten, die Fenster im Erdgeschoss vor dem Nachhausegehen zu schließen."

Stellen Sie sich vor, dass im Erdgeschoss dieses Gebäudes 100 Schüler ihren Schreibtisch oder 50 Mitarbeiter ihren Arbeitsplatz haben. Alle werden sich fragen: „Was ist denn passiert, wurde vielleicht eingebrochen und was hat das mit mir zu tun?"

„Aus gegebenem Anlass ..." als Pauschalanschuldigung ist ein verdeckter Vorwurf an alle, der bei Ihren Mitarbeitern denkbar schlecht ankommen wird. Vor allem wenn es ohne große Mühe möglich gewesen wäre, den „Täterkreis“ einzugrenzen und nicht die gesamte Belegschaft anzusprechen.

W-Fragen statt geschlossener Fragen

Stellen Sie sich vor, Sie fragen einen Ihrer Mitarbeiter anlässlich eines Mitarbeitergesprächs:

„Fühlen Sie sich an Ihrem Arbeitsplatz richtig eingesetzt und ist die Arbeit für Sie interessant?“ Und der Mitarbeiter sagt darauf mit einem zögernden Nicken „Ja“.

Wissen Sie jetzt mehr als vorher? Verstehen Sie aus der Antwort, wie der Mitarbeiter über seine Arbeit denkt? Ich nehme an, Sie wissen nicht wirklich, wie der Mitarbeiter zu der Frage steht, obwohl Sie dachten, Sie hätten konkret danach gefragt!

Eine Mitarbeiterin kommt zu ihrem Vorgesetzten, der mit Feedback und Lob äußerst sparsam umgeht und zusätzlich zu der Kategorie jener gehört, die sagen: „Nicht geschimpft ist schon gelobt genug!“ Da die Mitarbeiterin über Monate und Jahre nie eine explizite Äußerung zur Qualität ihrer Arbeit erhält, fasst sie sich ein Herz und erkundigt sich geradeheraus: „Herr Müller, sind Sie eigentlich mit meiner Arbeit zufrieden?“ Der Vorgesetzte antwortet: „Ja.“

Ist die Mitarbeiterin nach dieser Antwort klüger als zuvor?

Um das zu vermeiden, gibt es eine sehr einfache Formel! Stellen Sie nur W-Fragen: woran, woher, wofür, was, wie und so weiter.

Hätte die Mitarbeiterin gefragt: „Herr Müller, woran kann ich erkennen, dass Sie mit meiner Arbeit zufrieden sind?“, wäre der Vorgesetzte nicht mit einem billigen „Ja“ oder „Nein“ durchgekommen, sondern hätte zumindest einen ganzen Satz (im Idealfall mehrere ganze Sätze) formulieren müssen.

Das Gleiche gilt für das Beispiel davor. Hätte der Vorgesetzte gefragt: „Herr Meier, woran kann ich erkennen, dass Sie in Ihrer Position richtig eingesetzt sind?“, hätte er sicherlich eine ausführliche Antwort erhalten.

Ich gebe zu, dass die Formulierung „Woran kann ich denn erkennen …“ sehr gewählt und im ersten Moment ungewohnt klingt. Wenn Sie sich im ersten Anlauf damit nicht wohl fühlen, versuchen Sie es mit einem anderen „W“: „Herr Müller, wie müsste ich denn meine Arbeit verrichten, damit Sie zufrieden sind?“ Oder im anderen Fall: „Wie müssten die Anforderungen lauten, damit sie für Sie passen und die Aufgabe interessant und herausfordernd ist?“

Wenn Sie eine W-Frage stellen, kann es sein, dass Ihr Gegenüber nicht sofort eine Antwort parat hat. Räumen Sie ihm Zeit zum Antworten ein!

Die Perspektive wechseln

Für eine kompetente Führungskraft ist es meines Erachtens unverzichtbar, die Sichtweise anderer zuzulassen und diese zum besseren Verständnis auch einzunehmen. Dazu ist die entsprechende Portion Empathie notwendig. Sie müssen in der Lage sein, sich auch für den Standpunkt und die Belange Ihres Gesprächspartners zu interessieren. Es erfordert einiges Geschick, den Gesprächspartner so zu verstehen, wie er es meint. Da hilft oftmals ein Perspektivenwechsel: Nehmen Sie den Standpunkt des anderen ein, indem Sie die Dinge aus dessen Warte betrachten.

Eine Sache kann von zwei Menschen völlig unterschiedlich wahrgenommen werden. Das Überraschende: Beide Sinneseindrücke sind richtig – keiner ist falsch! Das lässt sich anschaulich anhand des folgenden Bildes illustrieren:

Quelle: http://positron.physik.uni-halle.de

Sicher kennen Sie dieses Bild. Hier ist entweder eine alte Dame mit ca. 85 Jahren oder eine junge Frau mit ca. 25 Jahren zu erkennen. Was Sie in diesem Moment sehen, hängt vom Blickwinkel und der Energie ab, in der Sie sich gerade befinden. Vielleicht können Sie sogar beide Frauen erkennen?

Stellen Sie sich nun vor, eine Führungskraft sieht auf dem Bild die alte Dame mit rund 85 Jahren, während ihr Mitarbeiter nur die junge Dame mit rund 25 Jahren erkennt. Zwei Menschen haben also zwei völlig unterschiedliche Wahrnehmungen von ein und demselben Bild. Diese liegen 60 Lebensjahre auseinander! Doch *beide*, sowohl Führungskraft als auch Mitarbeiter, haben mit ihrer Wahrnehmung recht!

Wie reagiert nun die Führungskraft auf die Aussage des Mitarbeiters? Im schlimmsten Fall so: „Herr Ritter, ich bitte Sie, die Dame ist definitiv alt. Ich weiß gar nicht, wie Sie darauf kommen, dass auf dem Bild eine junge Dame zu sehen sein soll – und damit Ende der Diskussion!"

Speziell in Krisenzeiten und unter großem Druck erheben Top-Führungskräfte gern die eigene Wahrnehmung zur absoluten Wahrheit. Der Grund? Sie möchten keine wertvolle Zeit investieren, um den Standpunkt des Mitarbeiters einzunehmen oder ihn zumindest anzuhören. Damit kann die Führungskraft mögliche Diskussionen im Keim ersticken.

In wirtschaftlich angespannten Zeiten kippen Führungskräfte leicht aus dem kooperativen Führungsverhalten in ein autoritäres („Ende der Diskussion!"). Dieses – leider weit verbreitete – Verhalten ist gefährlich: Mitarbeiter, deren Standpunkt nicht einmal mehr angehört wird und deren Einwände mit einer abfälligen Handbewegung weggewischt werden, fühlen sich missachtet und sind nicht mehr weit von der inneren Kündigung entfernt.

Richtig wäre folgende Frage des Vorgesetzten: „Erklären Sie mir bitte, wie Sie zu dieser Sichtweise kommen!" Oder: „Was muss ich denn machen, damit auch ich die junge Frau sehe?" Auch wenn die Führungskraft nicht sieht, was der Mitarbeiter wahrnimmt, ist die Wahrnehmung des Mitarbeiters durchaus wert, beachtet und erörtert zu werden. In diesem Fall bleibt die Führungskraft nicht stur bei ihrem Standpunkt, sondern gewinnt eine neue Perspektive dazu.

Es kann aber auch einmal passieren, dass Sie komplett falschliegen. Wie schnell man sich in seiner Wahrnehmung täuschen kann, zeige ich Ihnen anhand des folgenden Bildes:

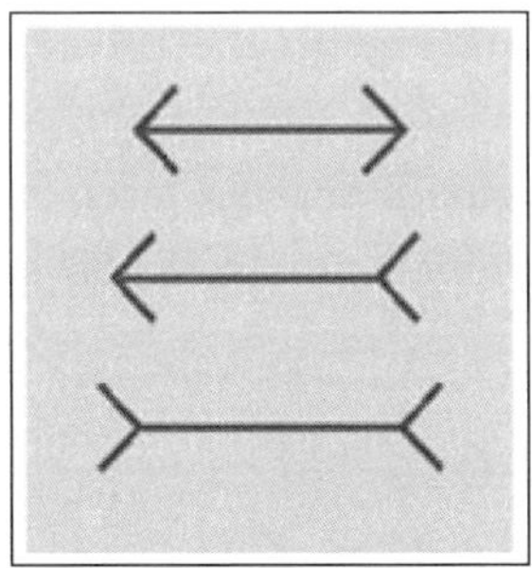

Die Frage dazu lautet: Sind diese drei Linien gleich lang? Mit großer Wahrscheinlichkeit werden Sie behaupten, dass sie nie und nimmer gleich lang sind. Und doch sind sie es!

Ich habe immer wieder die Erfahrung gemacht, dass es sinnvoll ist, die Meinung der Mitarbeiter im Detail anzuhören, eine andere Perspektive einzunehmen und sich in die Situation der Mitarbeiter zu versetzen. Andere Perspektiven eröffnen neue Blickwinkel und Problemlösungen! Indem Sie die Sichtweise Ihrer Mitarbeiter anhören, erweisen Sie Ihnen wertschätzenden Respekt und zeigen soziale Kompetenz. Sie kreieren Vertrauen und stellen sicher, dass Ihre Mitarbeiter ihre Meinung äußern.

Zusammenfassung und Empfehlungen

- Kommunizieren Sie präzise!
- Seien Sie sich bewusst, dass Sie nichts zurücknehmen können – in der Kommunikation gibt es keine Taste für „rückgängig"!
- Vermeiden Sie „Ja, aber …", denn damit meinen Sie eigentlich „Nein". Wenn Sie „Nein" meinen, dann sagen Sie „Nein"!
- Vermeiden Sie „Man sagt …" – und helfen Sie mit, die Gerüchteküche in Ihrem Unternehmen einzudämmen!
- Stellen Sie keine Fragen, die mit „Ja" oder „Nein" beantwortet werden können. Stellen Sie W-Fragen!
- Vermeiden Sie abschätzige Gesten und Handbewegungen!
- Vermeiden Sie „Aus gegebenem Anlass …" – nennen Sie den Anlass!
- Es gibt nicht nur eine Wahrheit! Seien Sie offen für die Wahrnehmung Ihres Gegenübers und lassen Sie sich darauf ein!

Feedback

Feedback is the breakfast of champions!

Ken Blanchard

Feedback zu geben gehört zu den wichtigen Aufgaben einer Führungskraft. Regelmäßig Feedback zu geben, die Mitarbeiter an der Erfahrung ihres Vorgesetzten teilhaben und vom Expertenwissen profitieren zu lassen, ist jedoch eine Praxis, die in Unternehmen noch zu wenig genutzt wird. Dies mag daran liegen, dass Feedback generell mit Kritik verwechselt oder gleichgesetzt wird.

Ebenso wertvoll wie das Feedback der Vorgesetzten an die Mitarbeiter ist regelmäßiges Feedback der Führungskräfte untereinander und auch das Feedback der Mitarbeiter an die Führungskraft.

Persönliche Reflexion mag unbequem sein, ist aber eine der wichtigsten Ressourcen für eine sich positiv entwickelnde, Zufriedenheit erhaltende Berufspraxis. Der schrittweise Aufbau einer Feedbackkultur in Ihrem Unternehmen ist ein wesentlicher Beitrag zu einer guten und gesunden Unternehmenskultur.

Selbstreflexion hilft dabei, mehr über sich, seine Handlungen und seine Wirkung auf andere zu erfahren. Sie hilft, berufliche Enttäuschungen und Misserfolge zu verarbeiten und zu verstehen. Führungskräfte, die regelmäßig Feedback von Mitarbeitern oder Kollegen einholen, nutzen die Rückmeldungen, um realitätsbezogenes Wissen über sich und ihre Umgebung zu gewinnen. Das macht sie stark, weil sie dadurch entweder Bestätigung und Anerkennung finden oder erfahren, welche Verhaltensweisen von anderen als nicht förderlich erlebt werden und wo Potenzial zur Verbesserung oder Optimierung gegeben ist.

Wesentliche Voraussetzung für eine professionelle und erfolgreiche Arbeit ist ein bewusster Umgang mit allen Mitarbeitern und Kollegen, mit den Zielen und Werten ihrer Arbeit, mit der übertragenen Verantwortung, den gestellten Erwartungen und den Wirkungen des eigenen Handelns. Wie gut die gesetzten Ziele erreicht, der Auftrag und die Erwartungen erfüllt wurden, sollte regelmäßig reflektiert werden. Das können und müssen Sie nicht mit sich selbst ausmachen – dafür benötigen Sie die Sichtweisen Ihres Umfeldes, Ihrer Mitarbeiter und Kollegen. Sie erhalten Rückmeldungen zu Ihrer Arbeit, Anerkennung Ihrer Stärken und Leistungen, aber auch wertvolle Hinweise auf Verbesserungsmöglichkeiten.

Führungskräfte, die auf einer Erfolgswelle schwimmen und sich über übertroffene Ziele, erfolgreiche Pitches oder an Land gezogene Großaufträge freuen, denken oft gar nicht daran, Feedback einzuholen. Sie tun dies erst, wenn sie da und dort feststellen, dass es im Umgang miteinander hakt, oder wenn sie herauszufinden versuchen, was der Grund für die unternehmerische Flaute ist, in der sie sich gerade befinden. Ich empfehle Ihnen, in guten wie in schlechten Zeiten nicht auf regelmäßiges Feedback Ihrer Kollegen und Mitarbeiter zu verzichten, da es Ihre realistische Selbsteinschätzung fördert.

Feedback-Geben: Wie geht das?

Feedback besteht, wie bereits erwähnt, aus zwei Komponenten: dem Feedback-Geben und dem Feedback-Nehmen. Feedback-Geben ist ein wirksames Führungsinstrument, das, richtig eingesetzt, Leistungen optimiert und vertrauensvolle, gute Arbeitsbeziehungen schafft. In den meisten Fällen sind Sie als Führungskraft der Feedback-Geber und Ihr Feedback soll Ihre Mitarbeiter darüber informieren, wie Sie ihr Verhalten im täglichen Umgang erleben – im positiven und im negativen Sinn. Um dazu als Führungskraft überhaupt in der Lage zu sein, ist ein hohes Maß an

Achtsamkeit und Wissen um die Themen erforderlich, die Ihre Mitarbeiter beschäftigen. Nicht alle Führungskräfte nehmen sich bewusst Zeit dafür und halten diesen notwendigen Kontakt zu ihren Mitarbeitern. So verkümmert in vielen Fällen diese wertvolle Art der Rückmeldung. Wie wollen Sie ein Feedback geben über etwas, worüber Sie gar nicht so detailliert Bescheid wissen? Ich habe festgestellt, dass es in unserem Kulturkreis generell nicht selbstverständlich ist, Feedback ohne besonderen Anlass oder spezifische Absicht zu geben. Mit Kritik hingegen sind wir schnell zur Stelle, ebenso mit Rückmeldungen zu Verhaltensweisen und Vorgängen, die uns negativ aufgefallen sind. Positives ausdrücklich herauszustellen liegt uns offenbar nicht.

Es geht beim Feedback um eine sehr persönliche Art der Rückmeldung zur Wirkung einer Person. Es kann einen konkreten Anlass geben, muss aber nicht. Im Gegenteil, ich empfehle Ihnen sogar, regelmäßiges Feedback in Ihren beruflichen Alltag zu integrieren, egal, ob es einen konkreten Anlass gibt oder nicht. Wenn Sie sich nur Zeit für Feedback nehmen, „wenn etwas passiert ist“ oder Sie Anlass zu Kritik haben, ahnen Ihre Mitarbeiter bereits bei der Einladung zum Gespräch, dass sie nichts Gutes erwartet, und entsprechend demotiviert und mit Ausreden bewaffnet werden sie der Einladung zum Gespräch folgen. Es ist wie bei den regelmäßigen Mitarbeiter-Infos: Wenn Sie nur informieren, wenn etwas passiert ist, „zaubern“ Sie allein mit der Einladung zum Informationsaustausch eine negative Stimmung.

Feedback-Geben ist reine Übungssache – und Sie können sofort damit beginnen! Der Alltag bietet unzählige Gelegenheiten.

Wenn Sie sich vom Verkäufer Ihrer Lieblings-Boutique gut beraten fühlen, sagen Sie es ihm! Wenn Sie mit etwas *nicht* zufrieden wären, würden Sie vermutlich nicht darüber nachdenken, ob Sie sich zu Wort melden. Für das positive Feedback an den Verkäufer genügt ein kurzer Satz: „Ich darf Ihnen sagen, Sie machen hier einen super Job!“ Oder: „Ich möchte Ihnen sagen, ich fühle mich von Ihnen bestens beraten!“

Den Kellner, der freundlich zu Ihnen ist und aufmerksam beim Service, sollten Sie wissen lassen, dass sein nettes Wesen und seine Umsicht bemerkt werden und bei Ihnen als Gast gut ankommen. Spätestens beim Bezahlen der Rechnung und bei der Entscheidung über die Höhe des Trinkgeldes können Sie ihm sagen: „Das Trinkgeld ist dafür, dass Sie sich sehr aufmerksam um uns gekümmert haben! Vielen Dank!"

Üben können Sie Feedback-Geben auch im beruflichen Alltag. Nehmen wir an, Sie haben eine E-Mail eines Mitarbeiters erhalten, in der er Sie über eine Problemlösung informiert. Ein kurzes „perfekt gemacht" oder „Kompliment!" als Antwort wird ihn freuen und ihm bestätigen, dass er richtig gehandelt hat und Sie mit seiner Arbeit zufrieden sind.

Ich darf Ihnen aus eigener Erfahrung sagen, dass die positive Energie, die Sie mit diesen kurzen Feedbacks aussenden, vielfach zurückkommt.

Elemente des Feedback-Gebens

Achten Sie darauf, dass Ihr Feedback immer konstruktiv, beschreibend *und nicht bewertend*, konkret, subjektiv formuliert und nicht nur negativ ist. Respektieren Sie die Person, die Ihnen gegenübersitzt, und verletzen Sie sie nicht!

Konstruktiv

Sprechen Sie mit Ihrem Mitarbeiter oder Ihrem Kollegen nicht über Schwächen, sondern reden Sie von Entwicklungspotenzialen!

Beschreibend und nicht bewertend

Sagen Sie: „Herr Müller, ich nehme an Ihnen wahr, dass Sie sehr impulsiv sein können!", anstatt: „Sie sind viel zu impulsiv!" Das eine ist beschreibend, das andere ist bewertend. Verzichten Sie auf Pauschalanschuldigungen wie: „Sie kommen immer zu spät" oder „Sie stören dauernd". Das sind Bewertungen, die Sie unterlassen sollten. Sagen Sie stattdessen: „Herr

Kollege, ich nehme wahr, dass Sie Mühe haben, die Kernarbeitszeit einzuhalten."

Konkret und zeitnah

Verstecken Sie sich während Ihres Feedbacks nicht hinter Verallgemeinerungen und Pauschalformulierungen (siehe Kapitel „Dos und Don'ts für Ihr Kommunikationsverhalten", Seite 65 ff.). Nennen Sie die konkreten Sachverhalte, Begebenheiten und Anlässe, auf die Sie sich mit Ihrem Feedback beziehen.

Ebenso wie Lob und Anerkennung sollten Sie Feedback zeitnah und auf einen konkreten Anlass bezogen geben. Nehmen Sie sich nicht vor: „Das sage ich dem Mitarbeiter ein anderes Mal!", weil Sie gerade unter Druck sind oder sich einfach nicht in der richtigen Energie befinden. Wenn zu viel Zeit zwischen Anlass und Feedback vergeht, ist es für den Mitarbeiter oft schwer, das Feedback zuzuordnen und in den richtigen Zusammenhang zu bringen.

Subjektiv formuliert

Auch darüber haben wir bereits ausführlich im Kapitel „Dos und Don'ts für Ihr Kommunikationsverhalten" gesprochen, aber Sie sehen, wie oft wir auf dieses Thema stoßen und wie wesentlich diese vermeintlichen „Kleinigkeiten" sind. Verwenden Sie bei Ihrem Feedback bewusst nur Ich-Botschaften: „Ich habe wahrgenommen" und nicht: „Sie gelten unter Ihren Mitarbeitern als impulsiv" oder gar: „Man sagt Ihnen nach, dass ..."

Es geht bei Ihrem Feedback nicht darum, was die anderen denken und „was Ihnen zugetragen wurde". Es geht um Ihre eigene Wahrnehmung der Person, die Ihnen gegenübersitzt und die Ihr Feedback als etwas Wertvolles betrachtet, aus dem sie lernen und durch das sie wachsen kann.

Besonders wichtig ist, dass Sie bei Ihrem Feedback nicht nur kritisieren. Achten Sie darauf, auch Positives herauszustreichen, dadurch erzeugen Sie während des Feedback-Gesprächs eine positive Stimmung, auch wenn es sich grundsätzlich um ein kritisches Gespräch handelt.

Mir ist es aber ein Anliegen, anzumerken, dass Sie das nur tun sollten, wenn es auch tatsächlich etwas Positives rückzumelden gibt, alles andere wäre unfair und unaufrichtig.

Es erfordert vom Feedback-Geber durchaus Courage und Offenheit, vor allem dann, wenn es um brisante Themen geht. Ebenso wenn es darum geht, Sie auf Verhaltensweisen aufmerksam zu machen, die bei Ihren Kollegen oder Mitarbeitern Irritation oder Unmut hervorrufen.

Ein ganz unliebsames Beispiel am Arbeitsplatz, einigen von Ihnen vielleicht nicht unbekannt, ist die Diskussion, wer von den Mitarbeitern denn nun den Kollegen Duft auf seinen unerträglichen Schweißgeruch aufmerksam macht. Die Betroffenen drücken sich oft wochenlang vor einem Gespräch und hoffen auf die kühlere Jahreszeit. Natürlich erfordert es eine große Portion Courage, zu sagen: „Lieber Herr Duft, mir ist aufgefallen, dass Sie sehr stark schwitzen, und leider ist es so, dass man das riecht ..."

So witzig es anmutet, das zu lesen, so schwierig ist es, etwas so Persönliches (persönlicher geht es fast nicht mehr) respektvoll zu übermitteln. Aber Sie sehen, es geht. Denn natürlich ist es dem Kollegen Duft im ersten Moment peinlich. Aber vielleicht ist es ihm selbst noch gar nicht aufgefallen und er ist Ihnen extrem dankbar für diesen kollegialen Hinweis. Oder er weiß um sein Problem und wird sich schleunigst um Abhilfe bemühen, nachdem es nun nicht mehr ausschließlich ihn betrifft.

Das ist übrigens eine hervorragende Übung! Hier ist es offensichtlich, dass es für den betreffenden Kollegen überaus unangenehm wäre, würden Sie ihm sagen: „*Man* hat mir gesagt, dass Sie sehr stark schwitzen ..."

Ich darf an dieser Stelle festhalten, dass obiges Beispiel tatsächlich in meiner Berufslaufbahn vorgekommen ist und ich schon zwei Mal vor der Notwendigkeit stand, einen Kollegen beziehungsweise Mitarbeiter meines Teams auf seinen Körpergeruch aufmerksam zu machen. In einem der beiden Fälle handelte es sich um einen Lehrling der EDV-Abteilung. Dieser gab mein für ihn bestimmtes Feedback an seine Eltern weiter – mit dem Ergebnis, dass diese tags darauf bei mir im Büro standen und versuchten, daraus eine diskriminierende Behandlung ihres Sohnes abzuleiten.

Ich werde immer wieder bei Vorträgen gefragt, welches die schwierigsten Feedbacks waren, die ich geben musste. Das eine habe ich soeben angeführt, das andere war fast noch schwieriger:

In der Firma, in der ich zum damaligen Zeitpunkt tätig war, war eine sehr attraktive Mittdreißigerin als Rezeptionistin beschäftigt. Sie stach nicht nur durch ihre Modelqualitäten ins Auge, sondern auch dadurch, dass ihre Röcke um jene Zentimeter zu kurz, um welche die Absätze ihrer Schuhe zu hoch waren. Außerdem geizte sie auch nicht mit Offenherzigkeit beim Dekolletee. Dieser Frau mitzuteilen, dass ein derartiges Outfit an der Rezeption eines weltweit tätigen Unternehmens nicht erwünscht ist, war tatsächlich eines der schwierigsten Feedbacks, das ich geben musste. Umso mehr, als sie mich im Laufe des Gesprächs geradewegs fragte: „Wollen Sie mir nun etwa sagen, dass Ihnen das nicht gefällt? Falls ja, wären Sie der erste Mann, bei dem das so ist, denn bei allen anderen Männern unseres Hauses und auch bei den Besuchern, die an mir vorbeigehen, habe ich immer das Gefühl, dass ich bewundernde Blicke ernte."

Sie erbat sich zwei Wochen Bedenkzeit, in der sie für sich selbst die Entscheidung treffen wollte, ob sie bereit wäre, ihren persönlichen Kleidungsstil anzupassen. Leider erklärte sich die Mitarbeiterin partout nicht bereit, an ihrem Outfit etwas zu verändern, weshalb es kurze Zeit nach dem Feedback-Gespräch zur einvernehmlichen Auflösung des Arbeitsverhältnisses kommen musste.

Feedback-Nehmen: Wie geht das?

Der Feedback-Nehmer befindet sich in der Rolle des Zuhörers und genau das ist vielfach der schwierigere Teil. Viele Menschen fühlen sich unwohl in einer Passiv-Rolle, im negativen Fall fühlen sie sich erdrückt und gehen automatisch zum Gegenangriff über, verteidigen sich und versuchen ihrerseits „auszuteilen". Das ist menschlich und normal für jemanden, der mit den Spielregeln des Feedback nicht vertraut ist und der in einer Gesellschaft lebt, in der Feedback mit Kritik gleichgesetzt ist. Es geht bei Feedback nicht grundsätzlich um Kritik. Kritik oder negative Anmerkungen können aber durchaus Inhalt eines Feedback-Gesprächs sein. Das sollten Sie sich als Führungskraft immer wieder ins Bewusstsein rufen und Ihren Mitarbeitern wieder und wieder klarmachen: Feedback ist nichts Gefährliches, auch dann nicht, wenn es um Kritik geht. Feedback ist etwas sehr Persönliches und setzt beiderseitigen Respekt und Vertrauen voraus. Und es gibt während eines Feedback-Vorgangs zwei Tätigkeiten: Geben und Annehmen. Nicht mehr, nicht weniger.

Auf der Seite des Feedback-Nehmers: Kein Verteidigen, kein Austausch von Argumenten und schon gar kein Rechtfertigen, sondern nur Zuhören, Annehmen und auf sich wirken lassen.

Lassen Sie den Feedback-Geber ausreden und seine Gedanken zu Ende führen.

Unterbrechen Sie den Feedback-Geber also – um noch einmal obiges Beispiel aufzugreifen – nicht: „Ja, das ist ja nur deshalb weil ..." bzw. „ich bin ja nur deshalb impulsiv, weil der Herr Kollege Müller immer unter der Gürtellinie attackiert ...".

Sie wissen ja nicht, wie es weiter geht. Vielleicht hat Ihr Feedback-Geber längst bemerkt, woran es liegt und er möchte sich in dem Gespräch mit Ihnen darüber austauschen, mit welchem Verhalten man die untergriffigen Attacken von Kollegen Müller abstellen kann.

Es mag etwas merkwürdig für Sie klingen, aber nehmen Sie sich vor, für das Feedback, das Sie erhalten, dankbar zu sein und üben Sie sich in etwas Demut!

Sie müssen als Führungskraft und Feedback-Geber darauf vorbereitet sein, dass nicht alle Feedback-Nehmer dankbar sind für das, was Sie ihnen vermitteln, und versuchen werden, zu argumentieren und Sie davon zu überzeugen, dass Sie mit Ihren Wahrnehmungen falschliegen. Es ist nicht die *Pflicht* Ihres Gegenübers, alles anzunehmen, was Sie ihm sagen. Geht es allerdings um Feedback-Inhalte, die zum Beispiel Unternehmenswerten zuwiderlaufen, oder um Dinge, die von Ihrem Gegenüber *definitiv* Veränderungsbereitschaft und Korrekturmaßnahmen erfordern, ist Konsequenz von Ihnen als Führungskraft erforderlich. Wie Sie an obigem Beispiel sehen, kann es durchaus passieren, dass Feedback-Geber und Feedback-Nehmer keinen gemeinsamen Nenner finden. Aber Sie sehen auch, dass unter Beachtung einiger weniger Spielregeln selbst heikelste Themen einfach zu besprechen sind und ohne langes Aufschieben eine rasche Lösung herbeizuführen ist.

Ich möchte Ihnen eine kleine Visualisierungsübung mitgeben, die Ihnen dabei helfen wird, Feedback anzunehmen.

Stellen Sie sich vor, dass Sie alles, was Sie als Feedback erhalten, in einiger Entfernung auf ein Häufchen stapeln. Und nun suchen Sie sich aus dieser Distanz die Inhalte heraus, die Ihnen interessant erscheinen und von denen Sie denken, dass sie tatsächlich auf Sie zutreffen. Machen Sie sich bewusst, dass Sie nicht alles, was auf diesem Häufchen landet, annehmen müssen.

Feedback ist, so heißt es, auch ein Geschenk. Ein Geschenk kann ich annehmen oder auch nicht. Über ein Geschenk kann ich mich freuen oder auch nicht. Denken Sie nur an die 17. Krawatte als Weihnachtsgeschenk oder im Falle der weiblichen Leser an das Eau de Toilette der Schwiegermutter.

Vieles von dem, was Sie als Feedback erhalten, ist die subjektive Wahrnehmung Ihres Feedback-Gebers und muss nicht zwingend mit Ihrer eigenen Beobachtung übereinstimmen, selbst wenn Sie in einer ruhigen Minute ehrlich mit sich ins Gericht gehen. Dann lassen Sie das auf dem besagten Häufchen liegen. Aber nehmen Sie die Sachen an, von denen Sie sich angesprochen fühlen, und beginnen Sie, daran zu arbeiten!

Zusammenfassung und Empfehlungen

- Machen Sie Feedback zu einem Teil Ihrer Führungsroutine!
- Geben Sie Ihren Mitarbeitern regelmäßiges Feedback!
- Fordern Sie von Ihren Mitarbeitern und Kollegen regelmäßiges Feedback!
- Achten Sie darauf, dass Ihr Feedback immer konstruktiv, beschreibend, konkret und in der Ich-Form formuliert ist!
- Nutzen Sie Alltagssituationen, um Feedback-Geben zu üben, und nehmen Sie bewusst die positive Resonanz auf Ihr konstruktives Feedback wahr!
- Machen Sie sich und Ihren Mitarbeitern klar: Feedback hat nicht zwangsläufig mit Kritik zu tun!
- Hören Sie zu, nehmen Sie Feedback an und seien Sie dankbar dafür!
- Aber: Sie müssen nicht alles annehmen!
- Jedoch: Arbeiten Sie an den Dingen, die es Ihnen wert sind, verfolgt zu werden!

Der Umgang mit Fehlern

Lerne von den Fehlern anderer;
du kannst nicht lange genug leben,
um sie alle selbst zu machen!

Eleanor Roosevelt

Jeder Mensch macht Fehler. Ob durch Zeit- oder Leistungsdruck, individuelle Defizite, durch Mängel in der Unternehmensorganisation oder in der Führungsarbeit verursacht – potenzielle Fehlerquellen gibt es im Arbeitsalltag genügend. Die Tatsache, dass Fehler passieren, müssen wir als fixen Bestandteil des Berufsalltags akzeptieren.

Die wichtigste Empfehlung, die ich im Hinblick auf den Umgang mit Fehlern geben möchte und die für mich über allen anderen Hinweisen zum Thema Fehlerkultur steht, ist:

Wenn ein Fehler passiert, reagieren Sie nicht anklagend, sondern folgen Sie dem Gesetz des Handelns!

Suchen Sie nicht den Schuldigen für etwas, das ohnehin schon passiert ist. Das wird Ihnen weder bei der Behebung des Malheurs noch bei der Schadensbegrenzung helfen. Bewahren Sie die Fassung, sonst kann es leicht passieren, dass Sie in der ersten Rage jemand Unbeteiligten mit dem Fehler konfrontieren, vor den Kopf stoßen und verletzen. Wenn in einem Unternehmen Fehler anklagend behandelt werden, zeigt die Erfahrung, dass Mitarbeiter beginnen, Fehler zu vertuschen oder jemand anderem unterzuschieben.

Bei jeder Führungskraft kristallisiert sich im Laufe der Zeit ein Verhaltensmuster heraus, wie sie mit Fehlern umgeht. Dies hängt im Wesentlichen davon ab, wie Fehler von der jeweiligen Führungskraft wahrgenommen und bewertet werden.

Es gibt *zwei Grundhaltungen*, mit Fehlern umzugehen: Die eine ist die *Offenheit für Fehler* und deren Auswirkungen sowie die Bereitschaft, aus Fehlern zu lernen. Die andere ist die *Fehlervermeidung* um jeden Preis, die in letzter Konsequenz in einem Null-Fehler-Konzept resultiert.

Gerade in wirtschaftlich angespannten Zeiten hört man von Eigentümern, Geschäftsführern oder Vorgesetzten sehr oft den Satz: „Ab jetzt dürfen keine Fehler mehr gemacht werden!" Dieser Aufruf bedeutet im Prinzip nichts anderes als „Ab jetzt wird nicht mehr gearbeitet!". Denn wo keine Fehler-Toleranz herrscht, wollen Mitarbeiter keine Verantwortung mehr übernehmen. Das bedeutet in letzter Konsequenz, dass nicht mehr gehandelt wird und keine Aufgaben mehr übernommen werden, deren Ausführung fehlschlagen könnte. Demzufolge werden auch keine Entscheidungen mehr getroffen.

Wenn Sie ein Null-Fehler-Programm in Ihrem beruflichen Umfeld einführen, müssen Sie davon ausgehen, dass selbst die einfachsten Entscheidungen wie eine heiße Kartoffel in der Stafette weitergereicht werden. Ein Verleugnen der Zuständigkeit für eine Entscheidung beziehungsweise ein „Auf-die-lange-Bank-Schieben" sind sichtbare Auswirkungen.

Ich persönlich halte nicht viel vom Null-Fehler-Konzept, dafür aber sehr viel von der Offenheit für Fehler. Da ich selbst auch in Null-Fehler-Programme von Unternehmen involviert war und in der Praxis oben beschriebene Reaktionen der Mitarbeiter darauf erfahren habe, bin ich schon sehr früh in meiner Berufslaufbahn zum Anhänger einer offenen Fehlerkultur geworden.

Fehler sind menschlich, Fehler sind unvermeidbar. Wo gehobelt wird, fallen Späne. Das gilt für alle Berufsgruppen und damit zum Beispiel auch für Ärzte, Piloten, Lokführer und so weiter. Obwohl gerade in diesen Bereichen alles getan wird, um Fehler zu vermeiden, sind sie auch dort unausweichlich und ein Teil des beruflichen Lernens. Natürlich hat ein Zahlendreher in einer GuV eine völlig andere Dimension als ein ärztlicher Kunstfehler.

Gleichzeitig müssen wir aber zur Kenntnis nehmen, dass mit der Bereitschaft, viel Verantwortung zu übernehmen, Aufgabenvielfalt und Kompetenzen zunehmen und psychischer Druck entsteht, der die Gefahr, Fehler zu machen, zwangsläufig erhöht.

Denn eines ist allen Berufsgruppen gemein, auch wenn die Folgen eines Fehlers gänzlich unterschiedliche Dimensionen haben können: In jedem Fall sind Menschen am Werk – und kein Mensch ist perfekt.

Wenn Ihnen oder einem Ihrer Mitarbeiter ein Fehler unterlaufen ist, folgen Sie dem Gesetz des Handelns und stellen Sie sich drei Fragen:

- Welche Folgen hat der Fehler?
- Wie können wir jetzt vorgehen?
- Was können wir tun, damit der Fehler nicht noch einmal passiert?

Zuerst den Schaden begrenzen!

Konzentrieren Sie sich umgehend auf die Sache. Verschwenden Sie keine Energie für Jammern und Klagen. Zuallererst geht es darum, die Folgen des Fehlers zu begrenzen. Fehler haben unterschiedliche Tragweiten: Ein Zahlendreher in einer internen Präsentation hat nicht dieselbe Dimension wie ein Kalkulationsfehler in einem Angebot. Ein zu hoch dosiertes Medikament kann verheerende Folgen nach sich ziehen, während die irrtümliche Doppelbelegung eines Hotelzimmers zwar ärgerlich, aber korrigierbar ist.

Die erste Frage muss also lauten: Welche Folgen hat der Fehler und was ist unmittelbar zu tun, um sie so gering wie möglich zu halten?

Genügt es, die Präsentation in der Originalversion zu korrigieren, oder müssen Kollegen und Führungskräfte informiert werden, an welche die fehlerhafte Präsentation weitergeleitet wurde? Genügt ein ausführliches Telefonat mit dem Kunden oder benötigen Sie ein persönliches

Gespräch auf Geschäftsleitungsebene, um den irrtümlich genannten Preis rückgängig machen zu können?

Entscheiden Sie zeitnah und gemeinsam mit Ihren Mitarbeitern, welche Tragweite und Konsequenz der Fehler hat, wen Sie informieren müssen und mit welchen Sofortmaßnahmen Sie den Schaden begrenzen können.

Erarbeiten Sie dann gemeinsam mit Ihren Mitarbeitern eine konstruktive und vor allem dauerhafte Lösung für das Problem. Finden Sie die Fehler im System, leiten Sie entsprechende Korrekturmaßnahmen ein und beugen Sie der Wiederholung des Fehlers vor.

Erst dann die Ursachen beseitigen!

Analysieren Sie die Fehlerursachen. Wer weiß, wie Fehler zustande kamen, kann sie beim nächsten Mal vermeiden.

Als Vorgesetzter dürfen Sie nicht dulden, dass zu viele Fehler im Team passieren. Sie dürfen auf keinen Fall tolerieren, dass sich Fehler wiederholen. Machen Sie Ihren Mitarbeitern klar, dass eine offene Fehlerkultur nicht als Einladung zum Fehlermachen zu verstehen ist, sondern diese vielmehr darauf abzielt, die Leistungsfähigkeit und -qualität im Unternehmen stetig zu verbessern. Seien Sie deutlich, aber immer sachlich beim Feedback zu diesem Thema (lesen Sie dazu auch das Kapitel „Feedback“, Seite 79 ff.). Stellen Sie klar, dass Sie Nachlässigkeiten und Pflichtverletzungen nicht billigen – schon gar nicht, wenn sich diese wiederholen.

Prinzipiell bin ich gegen Strafsanktionen, wenn Fehler gemacht werden. Wir werden schon als Kleinkinder und später in der Schule, in der Familie und am Arbeitsplatz für *Fehlerlosigkeit* belohnt, während Fehler automatisch bestraft werden und in unserer Gesellschaft, die auf Perfektion ausgerichtet ist, als Makel gelten. So wird uns schon in frühester Kindheit vermittelt, dass Fehler etwas Schlechtes sind und etwas, das man unbedingt vermeiden sollte. In unserer Gesellschaft scheint kaum Platz für die Ansicht zu sein, dass man aus Fehlern lernen und an Fehlern wachsen kann.

Gleichzeitig ist es aber unüblich, Positives ausdrücklich herauszustreichen. Wir machen das nur, wenn etwas über das übliche Maß hinaus erledigt wurde. Wenn etwas einfach nur „gut“ gemacht wurde, ist es keinen Kommentar wert. Denken Sie an die Korrekturen Ihrer Lehrer oder der Lehrer Ihrer Kinder! In der Signalfarbe Rot wird kräftig markiert, was alles falsch ist. Aber die Dinge, die richtig und den Anforderungen entsprechend gemacht wurden, werden als gegeben hingenommen und bekommen keine eigene Farbe. Es stellt sich die Frage, warum nicht alles, was richtig ist, grün angestrichen oder markiert wird!

Manchmal ist es allerdings unumgänglich, Fehler zu sanktionieren. Sie müssen Grenzen setzen (siehe dazu auch Kapitel „Konsequenz in der Führungsarbeit“, Seite 105 ff.), damit Ihren Mitarbeitern klar ist, dass eine offene Fehlerkultur nicht gleichzusetzen ist mit einem ungenauen, lockeren Arbeitsstil und über Fehler nicht grundsätzlich hinweggesehen wird.

Sie sollten als Führungskraft bei der Fehleranalyse genau herausarbeiten, ob es sich um einen nachvollziehbaren Fehler handelt oder um schlampiges, fahrlässiges Verhalten. Wenn ein Fehler nachvollziehbar ist, weil es zum Beispiel ein Manko im Informationsfluss gab oder Ihrem Mitarbeiter in der Eile ein Rechenfehler unterlaufen ist, ist es relativ einfach, dies in Zukunft zu vermeiden. Hier braucht es meines Erachtens auch keine großen Sanktionen, in diesen Fällen sollte die Fehlervermeidung im Vordergrund stehen: Der Mitarbeiter wird angewiesen, auch in stressigen Situationen lieber noch einmal nachzurechnen, und im anderen Fall ist der Informationsfluss nachhaltig zu verbessern, damit künftig der Fehler vermieden werden kann.

Wenn Sie aber dahinterkommen, dass ein Fehler aufgrund von fahrlässigem, schlampigem Verhalten geschehen ist oder gar mit Absicht gemacht wurde, müssen Sie handeln. Sie werden sich fragen, ob es das überhaupt gibt, dass jemand absichtlich Fehler macht. Wir wollen ja alle perfekt sein und zu jeder Zeit glänzen. Aber bedauerlicherweise beobachte ich das sogar sehr häufig, und zwar bei Mitarbeitern, die bereits innerlich gekündigt haben. Diese Mitarbeiter machen nicht selten ihrem Frust und ihrer Demotivation dadurch Luft, dass sie dem Unternehmen bewusst Schaden zufügen.

Mir ist hier ein Leiter der Produktionsplanung bei einem der Unternehmen, für welches ich gearbeitet habe, in Erinnerung. Obwohl er gemäß seiner Funktion und im Einklang mit dem Vergütungsschema des Unternehmens fair bezahlt wurde, war er mit seiner Entlohnung permanent unzufrieden. Als Ausdruck seiner inneren Kündigung und gleichzeitig angetrieben von einer „Ich werde es euch schon zeigen!"-Haltung (gemeint waren die Unternehmensleitung und sein Vorgesetzter, die seine Gehaltswünsche nicht erfüllten) begann er, rechtzeitig eingetroffene Aufträge nicht zu bearbeiten. Es gab festgelegte Termine (jeder erste Freitag im Monat), bis zu denen die Aufträge für die Disposition des nächsten Fertigungsmonats eingegangen sein mussten. Obwohl Aufträge rechtzeitig am Freitag eingetroffen waren, ließ er die seiner „Lieblingskunden" über das Wochenende ungeöffnet beziehungsweise ungelesen liegen. Am darauffolgenden Montag informierte er die be-treffenden Kunden, dass er die Aufträge erst *nach* dem Abgabetermin erhalten hätte und diese daher erst im nächsten Fertigungsmonat bearbeitet werden könnten, was natürlich eine entsprechend lange Lieferzeit nach sich zog.

Wenn Sie beweisen können, dass Absicht im Spiel war, ist es müßig, zu erwähnen, dass Sie sich vom betreffenden Mitarbeiter umgehend trennen müssen, um ein Exempel zu statuieren. Das habe ich in obigem Fall auch gemacht.

Etwas schwieriger wird es, wenn Sie es mit Aktionsarmut oder Verantwortungsverweigerung zu tun haben.

Damit werden Sie zum Beispiel konfroniert, wenn sich in einem Projektteam ein Teammitglied mit seinem Engagement bewusst zurückhält und Aufgaben, deren Erledigung in seinen Aufgabenbereich fallen, nicht durchführt. Der Mitarbeiter macht dies so lange, bis aufgrund des Termindrucks andere Teammitglieder einspringen und seine Aufgaben übernehmen, um die Deadline zu halten.

Auch solch ein Verhalten muss sanktioniert und darf keinesfalls toleriert werden. Schon allein deshalb, um sicherzustellen, dass diese Art des Handelns in Ihrem Team nicht weiter Platz greift. Sehr oft bleiben Mitarbeiter, die innerlich gekündigt haben, nach außen hin unbemerkt, während sie mit Passivität, Teilnahmslosigkeit und dem Abwälzen von Verantwortung dem Unternehmen schaden.

Deshalb ist es so wichtig, die Ursache für Fehler genauestens zu analysieren und sich auch dann noch Zeit für die Analyse zu nehmen, wenn der Schaden bereits eingegrenzt und so weit als möglich behoben wurde.

Fehler zugeben und Sympathien gewinnen

Wenn Ihnen als Führungskraft selbst ein Fehler unterläuft, ist es besonders wichtig, dass Sie offen und lösungsorientiert damit umgehen, da Ihre Mitarbeiter Sie in diesem Fall besonders genau beobachten. Vorgesetzte, Führungskräfte und Mitarbeiter unterscheiden sich im Hinblick auf ihre Tätigkeit meiner Ansicht nach einzig durch das Maß an Verantwortung, das sie tragen. Es ist also nicht verwunderlich, dass beim Anstieg der Fülle der Aufgaben und Kompetenzen auch einmal Fehler geschehen beziehungsweise dass sich die Fehlergefahr bei einem Anwachsen der Verantwortung erhöht.

Seien Sie sich Ihrer Vorbildrolle bewusst! Sie müssen nicht alles können und Unfehlbarkeit ist kein Attribut, das man von einer Führungskraft erwartet. Ein großes Maß an Selbstreflexion und Selbstkritik hingegen sind für eine Führungskraft unerlässlich. Gute Vorgesetzte zeichnen sich durch die Bereitschaft aus, sich immer wieder selbst zu hinterfragen und aus Fehlern die richtigen Schlüsse und Lehren zu ziehen.

Ist Ihnen ein Fehler passiert, ist meine dringende Empfehlung, ihn zeitnah offenzulegen, um nicht zu sagen: SOFORT. Sie sollten weder über- noch untertreiben. Nennen Sie das Kind beim Namen und bleiben Sie bei den Fakten. Es spricht auch nichts dagegen, die Mitarbeiter an den persönlichen Emotionen und Reaktionen teilhaben zu lassen. Sie ärgern sich über sich selbst? Sagen Sie das Ihren Mitarbeitern! Der Fehler ist Ihnen passiert, weil Sie zu unkonzentriert waren? Lassen Sie auch das Ihre Mitarbeiter wissen! Glauben Sie mir, es macht Sie sympathisch und authentisch, wenn Sie sich offen zu eigenen Fehlern bekennen, diese transparent machen und herausarbeiten, was Sie selber daraus gelernt haben und was Sie in Zukunft ändern wollen.

Ich werde bei meinen Vorträgen häufig gefragt, welches meine größten Fehler waren. Was die Zuhörer in diesem Zusammenhang besonders zu interessieren scheint, ist mein persönlicher Umgang mit dem betreffenden Fehler in der Praxis. Das liegt wohl daran, dass es viele Vorgesetzte große Überwindung kostet, einen Fehler einzugestehen. Ich habe erlebt, dass Führungskräfte aus Furcht vor Hohn und Schadenfreude ihrer Mitarbeiter und Kollegen versuchen, den Fehler klammheimlich selbst geradezubiegen in der Hoffnung, dass der Fauxpas unentdeckt bleibt. Sie verzichten auf die Unterstützung ihrer Mitarbeiter und darauf, aus dem Fehler zu lernen, und vergeben die Chance, gemeinsam dafür zu sorgen, dass sich der Fehler nicht wiederholt.

Einer meiner größten Fehler hat mit einem Anflug von Realitätsverweigerung zu tun, wie ich mit dem Wissen von heute und im Rückblick betrachtet sagen würde:

Mitte der 1980er-Jahre war ich Exportleiter Alpin bei Fischer, als der damalige Werbeleiter des Unternehmens dem Führungskreis das Konzept einer Fischer Homepage vorstellte. Die meisten Besprechungs-teilnehmer konnten sich zu diesem Zeitpunkt nicht vorstellen, dass schon in naher Zukunft alle PC-Betreiber weltweit vernetzt sein werden, um so Daten und Informationen auszutauschen. Seine Ausführungen erschienen uns immer abenteuerlicher, als er uns dann auch noch berichtete, dass bald alle Unternehmen ihre Informationen in ein sogenanntes „Web“ stellen könnten, die von jedem Computer auf der Welt mit den erforderlichen Einstellungen abgerufen werden könnten. Die Runde bestand aus sechs Personen und ich war der am wenigsten Euphorische. Das klang in meinen Ohren alles sehr nach Science Fiction. Auch oder gerade weil ich zum damaligen Zeitpunkt mit Computern möglichst wenig zu tun haben wollte. Über PCs verfügten bei Fischer in jenen Tagen nur wenige Mitarbeiter, und wenn, dann dienten sie als Schreibgeräte oder als Arbeitsgeräte für Kostenrechnung, Verkaufsabteilung und Buchhaltung. Die wenigsten Führungskräfte hatten damals einen eigenen PC und ich war daher von der Einstellung „Du musst auf der Karriereleiter so schnell nach oben, dass dich der PC nicht einholt!“ getrieben.

Zurück zur Besprechung. Der Werbeleiter war noch lange nicht am Ende seiner Reise in die Zukunft angelangt! Er erklärte uns, dass man nach dem Einrichten so einer Homepage davon ausgehen müsse, dass sich interessierte Kunden melden, die Fragen zu den Produkten und zum Unternehmen an uns richten. Da diese Anfragen natürlich nicht unbeantwortet bleiben könnten, würde man unbedingt jemand brauchen, der für die zeitnahe Bearbeitung dieser Nachrichten verantwortlich sei.

Die Besprechungsrunde diskutierte ungläubig darüber, ob das denn bedeuten würde, dass man eine zusätzliche Person für diese Anfragen einstellen müsse, die alle Produkte des Unternehmens – von Tennisschlä-

gern über Alpin- bis hin zu Langlaufskiern – bestens kennt. Es wurde außerdem heftig darüber diskutiert, wie viel Zeit zwischen dem Eingehen einer solchen Anfrage und der Beantwortung derselben vergehen dürfe. „Maximal eine Woche!“, meinte damals der Projektleiter. Die Aussage entlockt heute vermutlich jedem von Ihnen ein Lächeln, aber ich will ehrlich sein: Uns erschien diese Zeitangabe sogar noch zu kurz und wir waren alle der Ansicht, dass doch kein Mensch von Fischer erwarten könne, innerhalb einer Woche auf eine private Produktanfrage eine Antwort zu erhalten.
Ich selbst stellte die Frage in den Raum, wer in aller Welt sich denn mit so einem Humbug beschäftigen würde. Wer die Zeit dafür hätte, sich durch diese ganzen Homepages zu wühlen und an die Unternehmen auch noch Anfragen zu senden. Nicht zuletzt aufgrund meiner Argumentationsführung kamen wir alle zum Schluss, wir hätten es bei diesem Phänomen bestimmt „nur“ mit einem neuen Zeitvertreib von Studenten zu tun. Und nachdem Studenten nicht diejenigen waren, die im Sportfachhandel zum Vollpreis einen teuren Ski oder Tennisschläger kaufen, wurde das Thema um eine Woche verschoben, um noch einmal in Ruhe über das Gehörte nachzudenken und zu einer Entscheidung zu gelangen.

Gerade in jener Woche stieß ich in einem Zeitungsartikel auf die Information, dass einer der ersten im Internet abrufbaren Inhalte überhaupt die Evolutionstheorie von Charles Darwin war. Und der Artikel schloss mit dem Satz: „Das Internet beantwortet dir all jene Fragen, die du dein ganzes Leben lang nicht gestellt hättest.“

In der nächsten Sitzung manifestierte ich meine Argumentation aufgrund dieses Zeitungsartikels. Und tatsächlich wurde – nicht zuletzt aufgrund meiner Argumentation – beschlossen, die weitere Entwicklung des Internet-Geschehens abzuwarten und die Erstellung einer Homepage für Fischer um ein Jahr zu verschieben.

Nun, das war aus heutiger Sicht natürlich ein kapitaler Fehler und eine grobe Fehleinschätzung meinerseits. Es ist durch nichts zu rechtfertigen, dass ich als Führungskraft damals zu wenig Weitblick hatte, welche Bedeutung das Internet bald haben und welche Möglichkeiten dieses neue Medium bieten würde.

Es dauerte nicht lange, bis ich mir dieser Fehleinschätzung bewusst wurde und dank der tatkräftigen Unterstützung meines Teams verfügte auch Fischer bald über eine Homepage mit allem, was zum damaligen Zeitpunkt als „state of the art" galt. Es geht auf mein Konto, dass Fischer nicht der Internet-Pionier in der Skibranche war, sondern der Mitbewerb lange vorher mit dem Einsatz dieses neuen Mediums glänzte.

Allerdings habe ich mir bei meinen Mitarbeitern durchaus Sympathien und Anerkennung dadurch verschafft, dass ich diese Geschichte immer wieder bei passender Gelegenheit erzählt habe. Unter anderem dann, wenn ein Mitarbeiter einen Fehler machte und sich aktiv dazu bekannte. In so einem Moment halte ich es für wichtig und angebracht, diesen Mut zu würdigen und der Situation den Schrecken zu nehmen, indem man signalisiert, dass so etwas durchaus passieren darf und einem auch selbst schon passiert ist. Man kann als Vorgesetzter nicht alles wissen und ist genauso wenig allmächtig wie ein Mitarbeiter mit weniger Verantwortung.

Sehr ungern erinnere ich mich zum Thema „Fehler" auch an folgende Begebenheit:

Zu Beginn meiner Tätigkeit bei Fischer kamen gerade Snowboards groß in Mode. Fischer brachte als eines der ersten Unternehmen zwei Snowboard-Modelle auf den Markt und war damit auf Anhieb so erfolgreich, dass Konsumententests gewonnen und sehr gute Verkaufszahlen erzielt wurden.

Im Kerngeschäft ein Skiproduzent, musste sich Fischer aus markentechnischer Sicht natürlich die Frage stellen, ob Snowboards nicht besser unter einem anderen Markennamen zu vermarkten wären, wie es Atomic etwas später sehr erfolgreich mit der Marke „Oxygen" praktizierte.

Die Ausgangssituation für die Beantwortung dieser Frage war keine verheißungsvolle: Die damaligen Ski-Zaren waren kaum von Produkten zu überzeugen, die zwar aus dem eigenen Haus kamen, aber nicht den eigenen Namen trugen. Das war bei Fischer nicht anders. Außerdem tauchte die Sportart Snowboarden damals erstmals in diversen Unfallstatistiken auf, was natürlich Medien und Experten auf den Plan rief. Ein bekannter Unfallchirurg räumte der jungen Sportart damals in einem Zeitungsinterview keine guten Chancen ein. Er berichtete von schweren Verletzungen wie Handgelenksbrüchen und Rückenverletzungen, die man bis dahin von den herkömmlichen Wintersportarten in dieser Ausprägung nicht kannte.

Trotz erfolgreicher Produkteinführung genügten mir diese beiden negativen Kriterien schon, um weiter auf Risikoforschung zu gehen, anstatt mich intensiv mit den Chancen auseinanderzusetzen, die ein verstärktes Engagement in diesem Produktsegment für das Unternehmen hätte bringen können.

Ziemlich zeitgleich berichtete ein Trendspezialist in einem Vortrag darüber, dass es keine Sportart gäbe, bei der die Füße in einem gewissen Abstand starr fixiert seien, und seiner Ansicht nach würden es die Gehirnströme auf Dauer nicht zulassen, sich in so einer Position wohlzufühlen. Ich konnte diese Argumentation sehr gut nachvollziehen. Trotz vieler Chancen, die andere Trendexperten dieser neuen Sportart prophezeiten, war ich etwas später mit dafür verantwortlich, dass Fischer die Snowboard-Produktion wieder einstellte.

Auch diese Entscheidung war aus heutiger Sicht ein klarer Fehler. Fischer hätte, begleitet von einer entsprechenden Markenstrategie, mit Snowboards und den dazu gehörigen Accessoires durchaus erfolgreich sein können. Da der Aufwand und die Kosten einer eigenen Snowboard-Marke für einen eingesessenen Skihersteller jedoch hoch gewesen wären, bewertete ich die Risiken höher als die Chancen, die damals auch auf dem Tisch lagen und mit etwas mehr Weitblick erkennbar gewesen wären.

Dass diese Entscheidung falsch war, wurde erst einige Jahre später augenscheinlich. Auch diesen Fehler gestand ich ein und thematisierte ihn immer wieder.

Als Führungskraft sollte man den Mut haben, zu seinen Fehlern zu stehen, und die Größe, sie auch offenzulegen. Derartige Fehleinschätzungen und -entscheidungen sind ja nicht Absicht, sondern sie entstehen aus der zu diesem Zeitpunkt bestehenden Faktenlage und deren Interpretation. Im Nachhinein ist man natürlich klüger, aber ich habe auch aus dieser Geschichte für mich sehr viel gelernt: Bei jeder Entscheidung mit einer gewissen Tragweite hinterfrage ich mehrmals, ob ich einer vorgefertigten, starren, unbewussten Haltung folge und ob ich Chancen und Risiken, positive und negative Aspekte fair gegeneinander abwäge und korrekt bewerte.

Die Fehler Ihrer Mitarbeiter sind auch Ihre Fehler

Führungskräfte bringen oft nicht die Bereitschaft auf, für die Fehler der eigenen Mannschaft geradezustehen. Ich beobachte in der Praxis immer wieder, dass Vorgesetzte ihre Hände in Unschuld waschen nach dem Motto: „Ich kann ja nicht überall dabei sein und aufpassen, dass nichts passiert!“ Sie versuchen, sich aus der Schusslinie zu bringen, und hoffen, dass eine Sanktion vonseiten des nächsthöheren Vorgesetzten den Mitarbeiter direkt trifft und die eigene Weste rein bleibt: „Ich habe es ihm ohnehin schon mehrmals gesagt, aber es ist gut, wenn Sie einmal mit ihm Klartext reden!“ So etwas und Ähnliches hört man häufig.

Als Führungskraft müssen Sie den Mut haben, zu eigenen Fehlern zu stehen, aber auch die Größe und Souveränität besitzen, die Verantwortung für Fehler Ihrer Mitarbeiter zu übernehmen: „Der Fehler ist in meinem Verantwortungsbereich geschehen, ich werde dafür sorgen, dass das nicht mehr passiert!"

Damit meine ich nicht, dass Sie so tun sollen, als hätten *Sie* den Fehler gemacht. Sie sollen Ihren Mitarbeiter auch nicht in Schutz nehmen, sondern dafür sorgen, dass er zu seinem Fehler steht und an der Behebung desselben mitarbeitet.

Mit der Übernahme der Verantwortung für den Fehler in Ihrem Team beweisen Sie, dass Sie sich als Einheit sehen, im „Wir" denken und ein Fehler den Mitarbeiter nicht den Kopf kostet. Mit dieser Haltung fördern Sie eine offene Fehlerkultur und das Vertrauen Ihrer Mitarbeiter.

Zusammenfassung und Empfehlungen

- Konzentrieren Sie sich darauf, was zu tun ist, nachdem ein Fehler passiert ist. Unterlassen Sie Anklagen und Beschuldigungen.
- Fragen Sie: Welche Folgen hat der Fehler? Wie können wir vorgehen? Was können wir tun, damit der Fehler kein zweites Mal passiert?
- Machen Sie Ihren Mitarbeitern klar, dass eine transparente und lösungsorientierte Fehlerkultur keine Einladung ist, Fehler zu machen!
- Machen Sie keinen Hehl aus Ihren Fehlern, thematisieren Sie sie und reden Sie offen darüber!
- Zeigen Sie Ihren Mitarbeitern, dass Fehler menschlich sind!
- Übernehmen Sie als Führungskraft auch die Verantwortung für Fehler Ihrer Mitarbeiter!
- Setzen Sie Grenzen und statuieren Sie ein Exempel bei „Wiederholungstätern"!

Gehen Sie selbst mit gutem Beispiel voran und machen Sie keinen Fehler zwei Mal, denn: „Der Dumme macht jeden Tag den gleichen Fehler, der Gescheite macht jeden Tag einen anderen Fehler.“

Konsequenz in der Führungsarbeit

Vor mehr als 300 Jahren ritten ein Mann und eine Frau gemeinsam auf einem Pferd zu ihrer Hochzeit. Sie ritten schon eine Weile, als das Pferd auf einmal scheute. Der Mann stieg ab, beruhigte das Pferd und sagte: „Eins". Daraufhin ritten sie weiter. Nach einer halben Stunde scheute das Pferd ein zweites Mal. Der Mann hielt wieder an, versuchte, das Pferd zu beruhigen, und sagte: „Zwei". Sie setzten ihren Ritt fort und schließlich scheute das Pferd ein drittes Mal. Der Mann stieg ab, ließ seine Zukünftige ebenfalls absteigen, sagte „Drei", zog seine Pistole und erschoss das Pferd. Daraufhin sagte seine Frau zu ihm: „Aber das kannst du doch nicht machen, wir sind auf dem Weg zu unserer gemeinsamen Hochzeit!" Der Mann sagte: „Eins" …

Diese Parabel wird dem Hypnotherapeuten Milton Erickson zugeschrieben und ich kann mir vorstellen, was sie bei Ihnen auslöst, da ich die Reaktionen darauf bereits aus meinen Vorträgen kenne. Deshalb möchte ich vorwegnehmen, dass diese Parabel weder brachial noch martialisch gemeint ist und ich erst recht keine Genderdiskussion damit vom Stapel lassen will. Ich halte die Geschichte schlichtweg für ein sehr geeignetes Bild zum Thema Konsequenz, weil sie aufrüttelt, aufregt und zum Nachdenken anregt.

Wie oft ist es Ihnen als Führungskraft schon passiert, dass Sie bei dem einen oder anderen Mitarbeiter nicht bis drei, sondern bis 17 oder 18, wenn nicht sogar noch viel weiter gezählt haben?

Der Begriff „Konsequenz“ ist bei vielen negativ besetzt. Dabei ist Konsequenz ein wesentlicher Eckpfeiler guter Führungsarbeit, da sie Orientierung liefert und Ihre Mitarbeiter ein Gefühl dafür bekommen, was Sie als Führungskraft in Bezug auf das berufliche Miteinander tolerieren und was nicht. Konsequenz hat viel mit Disziplin zu tun und diese Fähigkeit ist ein weiterer entscheidender Erfolgsfaktor in der Führungsarbeit.

Als Führungskraft konsequent zu sein hat nichts mit übertriebener Härte, diktatorischem Verhalten oder gar Grausamkeit zu tun. Im Gegenteil! Sie können Konsequenz in vielen positiven Facetten leben. Zum Beispiel indem Sie konsequent loben, wenn etwas gut gemacht wurde, oder im Sinne einer guten Vorbildwirkung konsequent auf frauenfeindliche Witze oder Alkohol bei Firmenfeiern verzichten. Konsequent zu sein bedeutet auch, Versprechen einzuhalten. So habe ich es schon mehrfach erlebt, dass Führungskräfte „vergessen“, eine zugesagte Gehaltserhöhung an das Personalbüro weiterzuleiten. Noch schlimmer ist es, wenn sie sie nicht nur vergessen, sondern sich an die zugesagte Gehaltserhöhung nicht mehr erinnern können.

Konsequenz beginnt bei Ihnen als Führungskraft. „Walk the talk“ gilt auch hier, denn wenn es Ihnen als Führungskraft nicht gelingt, Konsequenz und Härte an der richtigen Stelle und zum richtigen Zeitpunkt an den Tag zu legen, laufen Sie Gefahr, dass sich unter Ihren Mitarbeitern eine Haltung einschleicht, die da lautet: „Bellende Hunde beißen nicht!“ Oder: „Nichts wird (in unserem Unternehmen) so heiß gegessen, wie es gekocht wird.“

Wenn es Ihnen nicht gelingt, bei der Einhaltung von Regeln konsequent zu sein, dürfen Sie sich nicht wundern, wenn Ihre Mitarbeiter Ihr halbherziges Verhalten übernehmen:

Immer mehr Betriebe entscheiden sich für ein generelles Rauchverbot im Unternehmen und es ist häufig zu beobachten, dass Führungskräfte im eigenen Büro trotzdem rauchen und sich über diese Regel hinwegsetzen. Meist dauert es nicht lange, bis der erste Mitarbeiter dabei ertappt wird, dass auch er das Rauchverbot ignoriert – wie eben sein Vorgesetzter auch ...

Konsequenz beginnt in Friedenszeiten

Während meiner Tätigkeit als Vice President Human Ressources von Magna Europa habe ich in Oberwaltersdorf gearbeitet. Oberwaltersdorf befindet sich südlich von Wien an der A2. Ich hatte einen Mitarbeiter, der es regelmäßig nicht schaffte, pünktlich zum Beginn der Kernzeit um 9 Uhr im Büro zu sein. Die Ausreden waren mannigfaltig, von „Der Wecker hat nicht geläutet!“ über „Ich hatte einen Stromausfall!“ bis – und diese Erklärung musste am häufigsten herhalten – „Ich hatte einen Stau auf der Tangente!“. Auch wenn es diesen Stau wirklich gab, so war doch auffällig, dass viele andere Mitarbeiter, die über diese Tangente fuhren, es trotzdem bis 9 Uhr ins Büro schafften.

Fast hätte ich übersehen, dass ich bei dem Mitarbeiter mit dem Zählen schon bei 25 oder 30 angelangt war, so oft hatte ich schon mit ihm über seine Unpünktlichkeit gesprochen. Mittlerweile hatten mich meine anderen Mitarbeiter und Teammitglieder bereits auf dem Prüfstand unter dem Motto: „Wie kann das sein? Ich bin immer pünktlich in der Firma. Der kann kommen, wann er will. Warum wird das toleriert? Wenn ich so etwas machen würde, hätte ich schon lange eine Verwarnung bekommen ...“ Und so weiter.

Nachdem die Unruhe in meinem Team immer größer wurde und es bereits 5 vor 12 war, führte ich mit dem Mitarbeiter ein Gespräch. Und zwar – das ist in diesem Kontext sehr wichtig – in „Friedenszeiten“. Ich bat ihn also an einem Tag, an dem er es geschafft hatte, rechtzeitig im Büro zu sein, zu mir und erzählte ihm diese Parabel. Er war ähnlich geschockt und irritiert wie vermutlich auch Sie, als Sie den Einstieg in dieses Kapitel gelesen haben. Ich teilte ihm ganz in Ruhe Folgendes mit: „Lieber Herr Müller, nachdem Sie in der Vergangenheit wiederholt die Kernarbeitszeit nicht eingehalten haben und meine Bemühungen, auf Sie betreffend Pünktlichkeit einzuwirken, bisher fehlgeschlagen sind, greife ich zu folgenden Maßnahmen: Sie werden beim nächsten Mal, wenn Sie die Kernarbeitszeit verletzen, von mir einen Auszug Ihrer Zeiterfassung des entsprechenden Tages erhalten. Darauf wird eine Eins notiert sein und Sie bekommen gleichzeitig eine schriftliche Verwarnung. Beim zweiten Zu-spät-Kommen erhalten Sie noch einmal eine Kopie des Auszugs Ihrer Zeiterfassung, es wird eine Zwei draufstehen und Sie bekommen eine weitere Abmahnung in Ihren Personalakt. Wiederholt sich das Prozedere ein weiteres Mal, werden Sie in das Personalbüro gebeten, wo bereits die Auflösung Ihres Arbeitsvertrages vorbereitet ist.

Wir werden uns mit heutigem Tag nicht mehr über die Gründe für Ihr Zuspätkommen unterhalten. Ich bin auch nicht bereit, weitere ‚Ich gelobe Besserung!'-Ansagen zu akzeptieren. Die drohenden Konsequenzen und deren Ablauf sind Ihnen bekannt, die Personalabteilung hat von mir bereits die Anweisung erhalten, entsprechend zu agieren."

Sie werden sich jetzt fragen, was in dieser Sache herausgekommen ist. Herr Müller hat laut seinen eigenen Worten sein Leben umgestellt, er ist früher zu Bett gegangen, früher aufgestanden und es war ihm ab dem Zeitpunkt dieses Gesprächs immer möglich, rechtzeitig im Unternehmen zu sein. Meine Teammitglieder haben seine Pünktlichkeit wohlwollend zur Kenntnis genommen, konnten aber nur Vermutungen anstellen, dass es hier von meiner Seite eine Verwarnung gegeben haben muss. Denn ich habe natürlich das angedrohte Szenario streng vertraulich gehalten. Neben dem betroffenen Mitarbeiter war lediglich der Leiter der Personalabteilung über die zukünftige Vorgehensweise informiert.

Konsequenzen sollen nicht dann auf- beziehungsweise in Aussicht gestellt werden, wenn der Fehler gerade passiert, das Versäumnis offensichtlich wird oder es ohnehin gerade Konfliktstoff gibt. Zum Zeitpunkt, an dem der Fehler zum wiederholten Male vorkommt, das Versäumnis eintritt, sollten dem betreffenden Mitarbeiter die daraus resultierenden Konsequenzen bereits bekannt sein!

Konsequenzen müssen deshalb in Friedenszeiten beschlossen und in Ruhe kommuniziert werden. Sie müssen einen klar definierten Zeitpunkt enthalten, an dem sie unwiderruflich eintreten, denn Konsequenzen brauchen einen unmissverständlichen Handlungsrahmen, dem alle Beteiligten folgen können.

Konsequent zu sein hat auch nichts mit autoritärem Verhalten zu tun, obwohl ich beobachtet habe, dass Führungskräfte konsequentes Verhalten speziell in Krisensituationen häufig mit totalitärem und repressivem Umgang mit ihren Mitarbeitern verwechseln.

Bluffen Sie nicht!

Es versteht sich von selbst, dass Sie nur Konsquenzen androhen sollten, die realistisch und durchführbar sind. Konsequenzen sollten außerdem in einem angemessenen Verhältnis zum „Vergehen" stehen. Es ist unklug, zur Abschreckung drakonische Maßnahmen anzudrohen, deren Umsetzung Sie gar nicht ernsthaft in Erwägung ziehen. Wenn Ihre Mitarbeiter das merken, büßen Sie Ihre Glaubwürdigkeit ein.

Ab und an wird es Ihnen schwerfallen, Konsequenzen zu ziehen. Trotzdem: Zögern Sie nie! Beginnen Sie auch nicht, an Fristen herumzuschrauben und im Stillen zu entscheiden, vielleicht lieber doch bis fünf oder sechs anstatt wie angekündigt bis drei zu zählen. Sie stehen als Führungskraft bei Ihren Mitarbeitern zu jeder Zeit auf dem Prüfstand, erst recht dann, wenn Konsequenzen aus nicht plausiblen Gründen von Ihnen *nicht* gezogen werden. Ihre Mitarbeiter werden dieses inkonsequente Verhalten übernehmen und Sie nicht mehr ernst nehmen. Sie werden damit beginnen, über einen Tippfehler in einer Nachricht hinwegzusehen und diese trotzdem abschicken, oder bei Preisverhandlungen nicht mehr ganz so konsequent nachhaken und so dem Unternehmen Schaden zufügen.

Es wäre für mich sehr unangenehm gewesen, mich von dem oben erwähnten Mitarbeiter zu trennen. Ich hätte alle Mühe gehabt, mit der Vertragsauflösung umzugehen, denn Herr Müller war in seinem Job ein „Top-Performer". Dennoch hätte ich es nicht riskieren können, durch Inkonsequenz meine Glaubwürdigkeit aufs Spiel zu setzen und den Respekt meiner Teammitglieder zu verlieren.

Brunnenvergifter

Ich werde bei Vorträgen oft gefragt, wie am besten mit notorischen Nörglern, Minderleistern und destruktiven Personen im Unternehmen umzugehen sei. Diese Kategorie Mitarbeiter scheint es tatsächlich in fast allen Firmen zu geben. Ich bin der Überzeugung, dass man etwas tiefer graben muss, um dieses Übel an der Wurzel zu packen. Denn diese Brunnenvergifter brauchen für ihre Existenz einen entsprechenden Nährboden, sprich: Betriebsklima. Aus meiner Erfahrung weiß ich, dass dieses Klima sehr häufig von Inkonsequenz und Ignoranz nicht *nur* diesen Nörglern gegenüber geprägt ist.

Selbstverständlich gibt es angenehmere Gespräche als jene mit Mitarbeitern, die überhaupt keine Argumente gelten lassen, die provokant agieren und sich gar nicht wohlfühlen, wenn es einmal nichts zu nörgeln gibt. Machen Sie sich keine falschen Hoffnungen: Diese Spezies von Mitarbeitern findet *immer* etwas, an dem sie sich stoßen kann! Deren Problem liegt vermutlich tiefer und außerhalb Ihres Kompetenzbereiches als Führungskraft. Deshalb ist an diesem Punkt von beiden Seiten zur Kenntnis zu nehmen, dass der Mitarbeiter nicht in das Unternehmen passt. Ein klassischer Fall von jemandem, der im falschen Bus Platz genommen hat!

Ich empfehle Ihnen daher, sich von solch einem Mitarbeiter zu trennen, je schneller, desto besser. Warten Sie nicht darauf, dass sich das Problem von allein löst, dass der Mitarbeiter von selbst kündigt oder sein Verhalten ändert. Es tritt in vielen Fällen nämlich erst mit Verzögerung zutage, was solche Mitarbeiter unter der Kollegenschaft und im Betriebsklima anrichten. So ein Brunnenvergifter braucht nicht lange, um das Betriebsklima und die Unternehmenskultur ernsthaft zu stören. Eine Sanierung des Betriebsklimas hingegen geht mit der Geschwindigkeit einer Kontinentalverschiebung vonstatten. Auch hier ist der Preis des Abwartens zu hoch!

Also: Beginnen Sie zu zählen! Sagen Sie dem Mitarbeiter ganz genau, wie weit Sie zählen werden, und sagen Sie ihm unmissverständlich, was bei „drei" passiert. In diesem Fall kann das nur die Kündigung sein. Wobei, und das weiß ich nur allzu gut, es nicht immer leicht ist, sich von notorischen Nörglern und Miesmachern zu trennen. In der Regel verschanzen sie sich nämlich hinter einer sehr hohen Fachkomptenz und Performance, machen sich mit Methode unersetzlich und agieren im Schutze dieser soliden Deckung ihre Destruktivität aus.

Lassen Sie es nicht so weit kommen, dass Sie als Führungskraft eines Tages mit dem Rücken zur Wand stehen. Treffen Sie entsprechende organisatorische und strukturelle Maßnahmen, wenn Sie merken, dass ein Mitarbeiter anfängt, Wissen zu bunkern und sich unersetzbar zu machen. In vielen Fällen müssen Sie dafür sogar die eine oder andere Investition in Kauf nehmen (für einen zusätzlichen Mitarbeiter, den Sie ausbilden lassen, für Weiterbildungsmaßnahmen etwaiger Nachfolger oder etwa ein neues Computerprogramm, das Sie parallel installieren). Aber glauben Sie mir, das ist es in jedem Fall wert!

Der Verantwortliche für die Produktionsplanung eines deutschen Unternehmens mit 1000 Mitarbeitern war einerseits für seine Fachkompetenz und Genauigkeit, aber auch für seine ständige Nörglerei, Aufsässigkeit und unkollegiale Arbeitsweise bekannt. Er befolgte aus Prinzip keine Regeln, die in seiner Abteilung und innerhalb des Unternehmens galten oder aufgestellt wurden. Sein respektloses Verhalten seinem Vorgesetzten gegenüber ging so weit, dass er zu Besprechungen einfach nicht erschien und trotz wiederholter Ermahnungen die Kernarbeitszeit ignorierte. Er ging während des Tages nach Hause, um dort „in Ruhe" arbeiten zu können, weil es ihm im Büro „zu laut" war – und das, obwohl er dazu keine Erlaubnis hatte.

Unter den Mitarbeitern, die ihn nur flüchtig kannten, genoss er groteskerweise so etwas wie einen „Heldenstatus" als einer, „der sich nichts und von niemandem etwas gefallen lässt". Unter den Kollegen, die unmittelbar mit ihm zusammenarbeiten mussten, machten sich im Laufe der Zeit großer Unmut und Frustration breit. Er war ständig am Nörgeln, verbreitete miese Stimmung und seine Art, Kritik zu üben, war niemals auf Konstruktivität ausgerichtet, sondern immer verletzend.

Es war eigentlich ein Ding der Unmöglichkeit, mit ihm zusammenzuarbeiten. Er verweigerte aus Prinzip die Teilnahme an Besprechungen (Besprechungen wurden von ihm in abfälliger Weise als „Kaffeekränzchen" tituliert). Kurzum, eine unerträgliche Situation für die Kollegenschaft und pures Gift für das Betriebsklima.

Es war dem betreffenden Mitarbeiter im Laufe der Jahre weitgehend gelungen, sein Wissen und seine Fachkompetenz zu bunkern, sodass niemand außer ihm die erforderlichen Fertigkeiten für die reibungslose Abwicklung seiner Aufgaben hatte. Er hatte auch immer wieder erfolgreich die Versuche seines Vorgesetzten abgewehrt, eine Vertretung für den Urlaubs- oder Krankheitsfall auszubilden.

Da seine Vorgesetzten immer wieder wechseln und in diesem Unternehmen generell Inkonsequenz regiert, ist besagter Mitarbeiter noch immer in Amt und Würden und wurde bisher noch nie mit Konsequenzen für sein unkollegiales Verhalten konfrontiert.

Man kann offensichtlich auch konsequent inkonsequent sein. Anders wäre es kaum möglich, dass ein Mitarbeiter auch nur wenige Monate mit so einem Verhalten durchkommt.

Im Fall permanenten Ignorierens solcher Nörgler und Brunnenvergifter wird die vom verantwortlichen Vorgesetzten praktizierte Inkonsequenz zu einem Teil der Unternehmenskultur. Das ist eine sehr gefährliche und für die Mitarbeiter ausgesprochen bedauerliche Entwicklung, denn der Unternehmenserfolg wird früher oder später darunter leiden, wie es auch bei dem Unternehmen, von dem hier die Rede ist, der Fall war.

Wie hätte im Fall des oben beschriebenen Leiters der Produktionsplanung eine gangbare Lösung ausgesehen? An seiner Fachkompetenz war nicht zu rütteln. Da es in vorliegendem Fall aber auch Verhaltensmuster gab, die darauf abzielten, den Vorgesetzten zu brüskieren und in seiner Führungsarbeit zu behindern, sollten genau jene Verstöße als Basis für Konsequenzen herangezogen werden:

Sie führen als Vorgesetzter in Friedenszeiten ein Gespräch über die Verfehlungen und die ab nun folgenden Konsequenzen. Beim nächsten Vergehen beginnen Sie zu zählen ...

Zusammenfassung und Empfehlungen

- Konsequenz beginnt in Friedenszeiten.
- Machen Sie Ihren Mitarbeitern klar, was Sie tolerieren und was nicht.
- Zählen Sie jene Mitarbeiter, die sich nicht an Regeln halten, unmissverständlich und schriftlich an.
- Wählen Sie nur Konsequenzen aus, die in einem vernünftigen Verhältnis zum „Vergehen" stehen!
- Missbrauchen Sie Konsequenzen nicht als Mittel, zu drohen und abzuschrecken, indem Sie drakonische Maßnahmen ankündigen!
- Trennen Sie sich von den Brunnenvergiftern, auch wenn es weh tut – sie schädigen auf Dauer das Betriebsklima.

- Definieren Sie klar die Art der Konsequenzen und den Zeitpunkt, an dem sie unwiderruflich eintreten!
- Realisieren Sie Angedrohtes ohne Wenn und Aber – Ihre Glaubwürdigkeit und der Respekt Ihrer Mitarbeiter sind Ihr wichtigstes Kapital!

Fähigkeiten und Fertigkeiten

Unsere Wünsche sind die Vorboten der Fähigkeiten,
die in uns liegen.

Johann Wolfgang von Goethe

Jeder von uns kommt mit Genen, Anlagen und Talenten auf die Welt. Alle diese Informationen befinden sich bereits in unserer Erbmasse. Je nachdem, wie unsere Kindheit, unsere Erziehung und unsere Schulbildung verlaufen und unser soziales Umfeld auf uns einwirkt, entwickeln sich aus diesen Genen, Talenten und Anlagen sogenannte *Fähigkeiten*. Ob jemand musikalisch begabt ist, hat er also bereits in die Wiege gelegt bekommen. Und je nachdem, welche Möglichkeiten sich dann im Lauf der Zeit eröffnen, wird sein musikalisches Talent gefördert und ausgeformt – oder aber es verkümmert und liegt brach. Das wird unter anderem davon abhängen, ob die Musiklehrer in der Schule sein Talent erkennen und die Eltern dazu ermutigen, ihr Kind ein Instrument erlernen zu lassen. Das wiederum wird von vielen Faktoren bestimmt, zum Beispiel von den finanziellen Möglichkeiten der Eltern und deren Offenheit für die Talente ihres Sprösslings.

Auch mit dem Talent zum Führen werden wir geboren oder eben nicht. Die Menschen, die diese Fähigkeit in ihren Anlagen haben, fallen häufig schon im Kindergarten dadurch auf, dass sie sich mit ihrem Wunsch, welches Spiel gespielt wird, durchsetzen und die Mannschaftsaufstellung beim Ballspiel in die Hand nehmen. Das sind jene Kinder, an denen sich die anderen Knirpse orientieren, aber auch reiben, die sie imitieren und die ihnen als Vorbild dienen. Die Ausprägung dieses Führungstalentes wird im Laufe ihrer Kindheit und Jugend davon bestimmt, wie ihr Umfeld auf dieses Talent reagiert: Werden diese Kinder ermutigt, ihre Persönlichkeit auszuleben, oder werden sie von überängstlichen Eltern „eingebremst"? Gibt es Lehrer, die Schüler ermuntern, das Klassensprecheramt anzutreten oder bei einem Redewettbewerb mitzumachen – und so weiter?

Es gibt eine ganze Menge von Büchern und Studien darüber, wie sich unsere Umwelt auf die Entwicklung unserer angeborenen Talente auswirkt. Das Thema ist wohl nicht zuletzt deshalb so interessant, weil es uns zu einem großen Teil die Erklärung dafür liefert, was uns als Person ausmacht und wie unser Umfeld unsere Persönlichkeit prägt. Und nicht zuletzt, welche Einflüsse und Impulse unsere Talente und Fähigkeiten fördern oder unterdrücken.

Die Ausformung von Fähigkeiten beziehungsweise Talenten gibt es in allen Bereichen des Lebens: Denken Sie nur an die sogenannten Zahlenmenschen oder an Motivatoren beziehungsweise Macher. Denken Sie an Techniker oder jene Leute, die sehr gut darin sind, dreidimensional zu planen und zu zeichnen. Jeder von uns trägt einige dieser Fähigkeiten als Erbanlagen in sich, wir entdecken sie selbst oder erhalten von unserer Umgebung entsprechende Anreize, sie zu fördern.

Fähigkeiten allein reichen aber nicht aus, um durchs Leben zu kommen. An meinem eigenen Beispiel aufgezeigt, bedeutet das: In der Position eines Geschäftsführers ist es nicht genug, gut reden, präsentieren und motivieren zu können. Vielmehr ist es unabdingbar, auch eine Bilanz lesen und mit einer GuV etwas anfangen zu können, um damit für einen Steuerberater, für Finanzbehörden und Banken einen kompetenten Gesprächspartner abzugeben. Das hieß in meinem Fall: Obwohl ich kein Zahlenmensch bin, musste ich mich damit vertraut machen und mir die entsprechenden Kenntnisse aneignen, selbst wenn dort nicht unbedingt meine Talente angesiedelt sind. All das, was man sich außerhalb der eigenen Talente aneignet, bezeichne ich letztendlich als *Fertigkeiten*.

Mir ist im Laufe meiner Berufserfahrung noch keine Führungskraft begegnet, die von sich behauptet hätte: „Führen, das ist nicht so meine Sache, da gibt es Bereiche, in denen ich besser bin!" Trotzdem gibt es viele

Führungskräfte, die das „Führen“ nicht beherrschen, weder als Fähigkeit noch als Fertigkeit, sondern zum Beispiel aufgrund ihrer Fachkompetenz in eine Führungsrolle „gespült“ wurden. Doch auch Führungskompetenz kann man sich als Fertigkeit durchaus aneignen!

Was ich mir im Laufe meiner Berufserfahrung als Fertigkeit außerdem aneignen musste, war ein grundsätzliches technisches Verständnis. Ich bin meilenweit vom Wissen eines Absolventen einer technischen Mittelschule und noch viel weiter von der technischen Kompetenz eines Diplomingenieurs entfernt. Dennoch war ich immer in Branchen beschäftigt, in denen zumindest ein Grundverständnis für technische Zusammenhänge und Gegebenheiten notwendig war. Diese Fertigkeiten gehören nun zu meinem angeeigneten Wissen, es sind erlernte Kenntnisse, die mich aber noch keinesfalls zu einem technischen Experten machen.

Um unseren Beruf auszuüben und unseren Alltag zu bewältigen, müssen wir sowohl unsere angeborenen Fähigkeiten als auch unsere angeeigneten Fertigkeiten anwenden.

Die Macht der Authentizität

Während wir in der Ausübung unserer Fähigkeiten automatisch authentisch sind, ist das bei den Fertigkeiten nicht der Fall. An diesem Punkt wartet in Ihrer Führungsarbeit eine weitere Herausforderung auf Sie: Es geht darum, Ihre Mitarbeiter in den Bereichen einzusetzen, in denen überwiegend ihre Fähigkeiten und weniger ihre Fertigkeiten gefragt sind. Meiner Beobachtung nach wird diesem Aspekt noch immer zu wenig Bedeutung beigemessen. Mitarbeiter, deren Arbeitsaufgaben hauptsächlich ihren Fertigkeiten entsprechen, sind dort nicht authentisch und zeigen eine eher mittelmäßige Performance, während ihre Fähigkeiten unbemerkt und für das Unternehmen ungenutzt bleiben.

Eines von vielen Beispielen aus meiner Berufslaufbahn:

Es handelt von einem Mitarbeiter, der an einer Stanzmaschine arbeitet, teilnahmslos und monoton seine Arbeit verrichtet und wenig kommuniziert. Was sein Vorgesetzter nicht weiß und nur wenige seiner Kollegen wissen: Er führt in seiner Freizeit das Kommando bei der örtlichen Feuerwehr und ist dort überaus beliebt und anerkannt!

Ein ähnlicher Fall aus meinen Beratungen:

Ein Mitarbeiter in der Buchhaltung eines norddeutschen, mittelständischen Unternehmens, der introvertiert, wortkarg und mürrisch ist, maximal zum Mittagessen oder für den Gang zur Toilette aus dem Büro kommt, verlässt nach Dienstschluss das Unternehmen, um an drei Abenden in der Woche einen Kirchenchor mit 70 Personen zu leiten! Der Kirchenchor zählt zu den besten in Deutschland und tritt auch international auf!

In beiden Fällen verhält es sich offenbar so, dass diese Mitarbeiter an ihrem Arbeitsplatz entsprechend ihren Fertigkeiten eingesetzt waren, ohne dass die verantwortlichen Vorgesetzten darauf geachtet hätten, wo die Fähigkeiten der beiden Mitarbeiter liegen. Sie besitzen offensichtlich eine Reihe von Führungsqualitäten, wie die Fähigkeit, zu begeistern und zu motivieren, oder die Gabe, etwas Gemeinsames entstehen zu lassen. Alle diese Fähigkeiten konnten die beiden Mitarbeiter in ihren jeweiligen Jobs kaum einsetzen und damit gingen diese Stärken auch für den Arbeitgeber verloren.

Es ist Ihre Aufgabe als Vorgesetzter, durch intensive Auseinandersetzung mit und Interesse an Ihren Mitarbeitern (genaue Beobachtung ihres Verhaltens, beidseitiges Feedback, aber auch Gespräche über Privates und dergleichen) herauszufinden, wo deren Fähigkeiten liegen und wo sie „nur“ Fertigkeiten haben.

Is he or she on the right bus and in the right seat?

Dieser Satz wurde von Marc Neeb, dem Executive Vice President Human Resources von Magna geprägt. Er wurde bei Magna weltweit zu einer permanent angewandten und gelebten Überprüfungsformel. Mitarbeiter passen oft sehr gut zu einem Unternehmen, sitzen aber dort nicht am richtigen Platz. Es ist die Aufgabe der Führungskraft, zunächst zu prüfen, ob der Mitarbeiter mit seiner individuellen Kombination aus Persönlichkeit und Fachkompetenz zum Unternehmen passt, ob er sich also im richtigen „Bus“ befindet. Wenn ja, ist es dann die Aufgabe der Führungskraft, dafür Sorge zu tragen, dass der Mitarbeiter am richtigen Arbeitsplatz zum Einsatz kommt, dass er seinen Platz findet, an dem er die meisten seiner Fähigkeiten ausspielen kann und an dem er nur wenige seiner Fertigkeiten braucht.

Dafür zu sorgen, dass die richtigen Mitarbeiter an der richtigen Stelle zum Einsatz kommen, ist ein permanenter Prozess in der Führungsarbeit. Denn zu dieser Aufgabe gehört auch, notwendige „Platzwechsel“ zu erkennen und vorzunehmen. Und zwar dann, wenn Sie als Führungskraft erkennen, dass der Mitarbeiter nicht richtig eingesetzt ist. Bis zu einem gewissen Grad ist es zulässig, diesen Prozess ein Stück weit sich selbst zu überlassen. Die Mitarbeiter spüren durchaus auch selbst, wo ihre Stärken liegen, und besitzen eine gute Intuition, wenn es darum geht, sich den Sitz, auf dem sie Platz nehmen möchten, selbst auszusuchen:

Zu meiner Zeit als Spartenleiter Alpin bei Fischer klopfte es eines Tages an meiner Tür. Vor mir stand eine Kollegin aus der Zollabteilung, die ich zwar vom Sehen kannte, mit der ich aber beruflich keinerlei Berührungspunkte hatte. Ich fragte sie, was ich für sie tun könne, worauf sie mir antwortete: „Herr Zulehner, ich würde gern für Sie arbeiten!“ Ich war etwas überrascht, da es zu diesem Zeitpunkt keine vakante Position in meiner Abteilung gab. Dennoch war ich beeindruckt von ihrer Unbefangenheit, ohne konkreten Anlass bei mir vorzusprechen, und hatte sehr stark das Gefühl, dass sie genau wusste, was sie wollte. Deshalb unterhielt ich mich mit ihr und fragte sie, was sie denn beruflich gern machen würde. Sie zählte eine Reihe von Tätigkeiten auf, die sie in ihrem damaligen Aufgabenbereich aber nicht im Entferntesten ausübte. Es waren überwiegend organisatorische, durchaus anspruchsvolle Tätigkeiten, die sie mir beschrieb und die einen sehr selbstständigen und flexiblen Arbeitsstil voraussetzen. Sie hatte keinerlei Praxis im Assistenz- oder Vertriebsbereich und auch nicht die erforderliche Ausbildung dafür, dennoch versprach ich ihr, mich zu melden, sollte sich in meiner Abteilung eine Aufgabe für sie auftun. Nur wenige Monate später war die Position meiner Assistentin zu besetzen. Es war vorwiegend eine Bauchentscheidung, dass ich besagter Mitarbeiterin aus der Zollabteilung den Job anbot. Ich erntete für diese Entscheidung viele kritische Kommentare innerhalb des Unternehmens. Aber schon sehr bald stellte sich meine Entscheidung als absoluter „Glücksgriff" heraus. Sie war die richtige Person am richtigen Platz! Sie war in ihrem Element, überzeugte mit Einsatzbereitschaft und Organisationstalent und hielt mich organisatorisch auf Kurs. Wer mich kennt, weiß, dass das durchaus eine Herausforderung sein kann. Ich wurde sehr oft gefragt, weshalb ich mich ausgerechnet für diese Kollegin entschieden hatte, die aus fachlicher Sicht gar nicht „weiter weg" von den Anforderungen an diese Position hätte sein können. Ich erzählte dann immer von ihrem mutigen Schritt, als sie ihren Wunsch äußerte, für mich zu arbeiten: Sie war absolut authentisch und hatte ein klares Bild vor Augen, wo im Unternehmen sie ihre Fähigkeiten einsetzen könnte.

Auch das umgekehrte Beispiel habe ich schon des Öfteren erlebt:

In einem Unternehmen, in welchem ich als Führungskraft beschäftigt war, gab es einen hervorragenden Vertriebsmitarbeiter (Regionalverkaufsleiter), der ganz offensichtlich gemäß seinen Fähigkeiten eingesetzt war. Er machte einen sehr guten Job, übertraf Monat für Monat seine Verkaufsziele, wirkte auf die Kunden und Kollegen sehr authentisch und man merkte ihm an, dass ihm seine Arbeit viel Freude machte. Als dieser Vertriebsmitarbeiter aufgrund seiner guten Leistungen schließlich zum Gesamtvertriebsleiter befördert wurde, war die Geschäftsleitung sehr bald mit deutlich rückläufigen Verkaufszahlen und schlechter Stimmung innerhalb der Vertriebsmannschaft konfrontiert. Der neue Gesamtvertriebsleiter war mit der Führungsaufgabe, die er nun auf einmal auszuüben hatte (sein Team bestand aus drei Regionalverkaufsleitern), offenbar überfordert und trotz der besser dotierten Position nicht mehr in seinem Element und daher unglücklich.

Dieser Mitarbeiter wurde aus seiner beruflichen Idealwelt herausgerissen, in der er seine beste Leistung für das Unternehmen abrufen konnte, weil er gemäß seinen Fähigkeiten eingesetzt war. Als Gesamtvertriebsleiter stürzten einige neue Aufgaben auf ihn ein, die ganz und gar nicht seinen Fähigkeiten entsprachen, die er sich daher erst nach und nach als Fertigkeiten aneignen musste. Wenn jemand von seinen Fähigkeiten weg in eine Aufgabenwelt gedrängt wird, in der vorwiegend neue Fertigkeiten gefragt sind, bedeutet das oft einen großen Bruch für einen motivierten Mitarbeiter. Hier wäre es ganz klar die Aufgabe des Vorgesetzten gewesen, vorweg abzuklären, ob der Mitarbeiter in der neuen Position tatsächlich gut aufgehoben ist oder nicht.

Obiger Gesamtvertriebsleiter wurde dann auf eigenen Wunsch, nachdem er selbst erkannt hatte, dass er der neuen Aufgabe nicht gewachsen war, wieder zum Regionalverkaufsleiter zurückgestuft.

Berufseinsteigern und angehenden Studenten pflege ich bei meinen Vorträgen auf die Frage nach „dem richtigen Job“ oder nach „der richtigen Ausbildung“ immer Folgendes mitzuteilen: Wenn jemand seinen Fähigkeiten entsprechend ausgebildet ist, wird er einen Job bekommen und in diesem auch erfolgreich sein, egal, wie limitiert das Berufsfeld ist.

Im Gegensatz dazu sei auch jene Situation beleuchtet, in der Eltern ihre Fähigkeiten auf die Kinder projizieren und davon ausgehen, dass die Kinder so werden und denselben Beruf ergreifen müssen wie sie. Das schlägt sehr oft fehl:

Ich hatte während meiner Studienzeit einen Medizinstudenten als Mitbewohner, dessen Vater ein sehr erfolgreicher Zahnarzt war. Der Sohn wurde gegen seinen Willen „dazu verdonnert“, Medizin zu studieren und in weiterer Folge die Zahnarztausbildung zu machen, um einmal die sehr erfolgreiche Praxis des Vaters übernehmen zu können. Der Sohn wurde vom Vater nicht gehört, obwohl er laufend signalisierte, dass das nicht „sein Ding“ sei. Er musste also Medizin studieren – mit dem Ergebnis, dass er nach 16 Semestern ohne Aussicht auf baldigen Abschluss sein Studium abbrach. Das anschließende Jurastudium konnte er erst Mitte 30 beenden. Heute ist er allerdings ein sehr erfolgreicher Anwalt.

Wann sind wir authentisch?

Die Antwort auf diese Frage ist weitaus einfacher, als viele meinen. Am besten erkennt man das an sich selbst anhand einiger weniger Parameter und Eckpfeiler:

Sicherlich kennen Sie das auch: Jemand trägt Aufgaben an Sie heran oder kommt mit einer Bitte auf Sie zu, ohne dass Sie sich dafür angeboten haben oder dass das zu Ihrem unmittelbaren Aufgabenbereich gehört.

Es kommt nicht von ungefähr, dass immer dieselben Leute gebeten werden, zum Beispiel bei einer Firmen- oder Geburtstagsfeier eine kurze Ansprache zu halten. Und es ist auch kein Zufall, dass immer dieselben Mitarbeiter mit der Organisation einer Firmenfeier betraut werden, auch wenn sich diese Aufgabe nicht in ihrer Stellenbeschreibung wiederfindet. Es ist augenscheinlich so, dass es Leute gibt, die ganz bestimmte Aufgaben wirklich gut können und diese Kompetenz auch ausstrahlen.

Umgekehrt fühlen sich die angesprochenen Personen auch sehr wohl, wenn sie die Aufgaben ausführen dürfen, um die sie gebeten werden. Und das ist auch schon der zweite Indikator: Man spürt selbst sehr genau, was man richtig gern macht. Meist sind das Dinge, über die man sagt „Das ist total meins!" Und dort ist man dann auch authentisch.

Ihnen fällt gerade keine Tätigkeit ein, auf welche diese Aussage bei Ihnen zutrifft? Das kann ich gar nicht glauben! Es gibt bestimmt Bereiche, in denen andere von Ihnen behaupten: „Da ist er/sie in seinem/ihrem Element!"

Jeder von uns hat in seinem Portfolio ein paar Aktivitäten, die er extrem gern und mit Ambition, Ehrgeiz und Leidenschaft tut und auf die er sich freut, wenn sie ihm angetragen werden. Das sind genau jene Bereiche, in denen wir authentisch sind!

Aber es gibt eben auch Arbeiten, die wir immer wieder vor uns herschieben und erleichtert sind, wenn sie jemand anders erledigt. Das sind Arbeiten und Gebiete, in denen wir gewöhnlich „nur" Fertigkeiten haben.

So habe ich zum Beispiel schon immer gern Einstellungsgespräche geführt und Präsentationen gehalten. Ich habe mich schon am Beginn meiner beruflichen Karriere um solche Aufgaben nahezu „gerissen" und wurde auch immer wieder darum gebeten, selbst wenn es gerade nicht zu meinem Aufgabenbereich gehörte. Hingegen habe ich um Statistiken, Reports und Zahlenmaterial einen großen Bogen gemacht, wann immer dies möglich war.

Mitarbeiter im „Wunderland“

In der Mediationstechnik kommt häufig die sogenannte „Wunderfrage“ nach Steve de Shazer zum Einsatz, die meiner Erfahrung nach auch sehr gut greift, wenn es um das Erkennen von Fähigkeiten geht:

Blicken Sie drei Jahre nach vorne.
Es ist ein Wunder geschehen! Es ist alles genauso passiert, wie Sie es gern hätten, und Sie befinden sich in einem Idealzustand, was Ihre Aufgabe, Ihren Verantwortungsbereich und Ihre berufliche Umgebung betrifft.
Beschreiben Sie nun, wie Ihre berufliche Situation und Umgebung in drei Jahren aussehen!

Bitten Sie Ihren Mitarbeiter, Ihnen ein genaues Bild zu zeichnen von den Tätigkeiten, die er gern machen würde, welche Verantwortung er gern übernehmen würde, wie sein ideales Arbeitsumfeld aussieht, an wen er delegiert, an wen er berichtet und so weiter. Sie werden staunen, welche konkreten „Wunderland“-Beschreibungen da auftauchen! Vorausgesetzt, Ihrem Mitarbeiter gelingt es, mögliche Hürden und Restriktionen bei seinem „Blick in die Zukunft“ auszublenden. Es ist wichtig, bei der Beantwortung der Frage keinerlei Hindernisse zuzulassen, auch wenn man diese schon lebhaft vor Augen hat. Wie gesagt: Es geht um die Beschreibung eines „Wunderlandes“.

In den meisten Fällen erhalten Sie von Ihrem Mitarbeiter ein ganz konkretes Szenario. Dieses beschreibt in der Regel ein Arbeitsumfeld, in welchem er seine Fähigkeiten ausspielen könnte und in der Folge seine Top-Performance bringen würde.

Gefällt Ihnen das Wunderland, das Ihnen der Mitarbeiter beschrieben hat, und erscheint es Ihnen sinnvoll? Sind Sie der Ansicht, dass der Mitarbeiter in dem von ihm beschriebenen Szenario einen Mehrwert für das Unternehmen kreieren kann? Wenn Sie beide Fragen mit Ja beantworten, sollten Sie über eine schrittweise Realisierung nachdenken, und zwar nach unten beschriebener Methode. Planen Sie die einzelnen Schritte durch, die notwendig sind, um Ihren Mitarbeiter in sein perfektes Arbeitsumfeld hineinzumanövrieren und setzen Sie sie um.

Das Geheimnis dabei ist die Perspektive! Denken Sie zusammen mit Ihrem Mitarbeiter vom „Dort“ ins „Hier“.

Begeben Sie sich mit Ihrem Mitarbeiter gedanklich in dieses „Wunderland“, in dieses „Dort“ in drei Jahren, in dem alles perfekt und so ist, wie er es sich wünscht. Nun gehen Sie in Gedanken schrittweise zurück: Was muss zur Realisierung des „Wunderlandes“ in sechs Monaten (also im Zeitraum zwischen zweieinhalb und drei Jahren) passieren, welche Meilensteine müssen zu diesem Zeitpunkt bewältigt worden sein, welche Umstände müssen eingetreten sein, was ist von wem dazu beizutragen? Und so weiter.

Nehmen Sie sich zusammen mit dem Mitarbeiter die nächsten sechs Monate vor: Was muss an organisatorischen und/oder persönlichen Veränderungen in dieser Periode realisiert werden?

Gehen Sie so lange gedanklich zurück, bis Sie wieder im „Hier“ und Heute angelangt sind.

Beim herkömmlichen Formulieren von Zielen („Wo wollen Sie in drei Jahren sein?“) schränkt bereits die Art der Fragestellung ein. Wenn sich der Mitarbeiter gedanklich vom „Hier“ ins „Dort“ bewegt, werden ihm automatisch mögliche Restriktionen einfallen, er wird alle Stolpersteine aufzählen und sich daher oft gar nicht mehr auf den Weg machen, weil ja ohnehin alles viel zu kompliziert und schwierig ist. Das macht einen ganz wesentlichen Unterschied in der Betrachtungsweise aus.

Für wen eignet sich die „Wunderfrage“?

- Stellen Sie die „Wunderfrage“ all jenen Mitarbeitern, bei denen Sie das Gefühl haben, dass sie nicht am richtigen Platz sitzen, weil ihre Arbeitsleistung zeitweise zu wünschen übrig lässt.
- Stellen Sie die Frage auch jenen Mitarbeitern, die sich nicht in das Team integrieren können und deren Performance im Vergleich zu den anderen Teammitgliedern deutlich abfällt.

- Stellen Sie sie jenen Mitarbeitern, die Ihnen signalisieren, dass sie mit dem, was sie tun, nicht zufrieden sind, und spielen Sie mit ihnen das „Wunderland"-Szenario durch.
- Stellen Sie sich selbst diese „Wunderfrage" in regelmäßigen Abständen zur eigenen Standortbestimmung.

Die „Wunderfrage" ist aus meiner Sicht ein ganz tolles Tool für die Karriereplanung. Sie ist jederzeit auf die Mitarbeiter, aber auch auf die Führungskraft selbst anwendbar.

Sie ist außerdem eine probate und unkonventionelle Methode, Ihren Mitarbeitern Gedanken über ihren idealen Arbeitsalltag und ihre Talente und Fähigkeiten zu entlocken. Gedanken, die sich die Mitarbeiter selbst in dieser Form vielleicht noch nie gemacht haben.

Ein Blick in dieses „Wunderland" verrät Ihnen genau, wie Ihre persönliche Idealwelt (oder auch jene des Mitarbeiters) aussieht. Sie erhalten Klarheit über Bereiche, an denen Sie arbeiten oder die Sie ändern müssen. Sie sehen deutlich vor sich, wo Sie anpacken müssen, um Ihr ganz persönliches Wunderland oder das Wunderland Ihres Mitarbeiters zu verwirklichen, welche organisatorischen Schritte dazu noch nötig sind und wessen Hilfe Sie zur Realisierung brauchen.

Der Fertigungsleiter eines mittelständischen Schweizer Unternehmens erledigte seine Arbeit entsprechend den Anforderungen, war aber augenscheinlich mit seinem Job nicht glücklich. Es war bestimmt kein Zufall, dass es gerade in dieser Abteilung immer wieder zu „Aufständen" unter den zehn Mitarbeitern kam, wenn saisonbedingt Überstunden angeordnet wurden. Ebenso war es kein Zufall, dass sich diese Abteilung durch ihre lustlosen und demotivierten Mitarbeiter negativ von anderen Abteilungen im Unternehmen abhob.

Eines Tages meldete sich besagter Fertigungsleiter bei der Geschäftsleitung mit dem Wunsch, die Abteilung zu wechseln. Er hatte ein ganz klares Bild vor Augen und wünschte sich, in die Reklamationsabteilung versetzt zu werden, die zum damaligen Zeitpunkt aus zwei Mitarbeitern bestand. Niemand im Management konnte seinen Wunsch nachvollziehen. Er aber hatte eine genaue Vorstellung davon, wie die Abteilung in wenigen Jahren aussehen sollte und was dabei seine Rolle sein könnte. Er war überzeugt davon, dass eine „Reklamationsabteilung" nicht nur Reklamationsfälle bearbeiten und Kunden beruhigen sollte, sondern er stellte sich eine Serviceabteilung mit einer motivierten Mannschaft und zufriedenen, ja begeisterten Kunden vor. Da er ein beliebter Kollege und langjähriger Mitarbeiter war, kam die Geschäftsleitung seinem Wunsch nach, obwohl er in der neuen Position weitaus weniger Verantwortung zu tragen hatte und auch nicht die erforderliche Ausbildung (zum Beispiel Qualitätsmanagement) für die neue Position mitbrachte. Er war weder besonders versiert im Umgang mit dem Computer noch waren seine Fremdsprachenkenntnisse ausreichend. Kaum war klar, dass er die Abteilung wechseln würde, meldete er sich zum EDV- und zum Englischkurs an und freute sich offensichtlich riesig auf die neue Herausforderung.

Heute ist er Leiter der Serviceabteilung eines stark exportorientierten Produktionsbetriebes, dessen Team die Kunden täglich mit Schnelligkeit, Freundlichkeit und Kundenorientiertheit begeistert. Seine Abteilung hat mittlerweile sechs Mitarbeiter, die Serviceanfragen aus aller Welt bearbeiten.

Ich versichere Ihnen: Sie würden den Serviceabteilungsleiter von heute und den Fertigungsleiter von damals nicht als ein und dieselbe Person identifizieren!

Wenn Sie die „Wunderfrage" stellen, kann es durchaus passieren, dass die Vorstellungen des Mitarbeiters und jene des Unternehmens völlig auseinanderdriften. Denn einerseits verfügen nicht alle Menschen über eine realistische Selbsteinschätzung. Andererseits werden Ihnen möglicherweise Szenarien und Aufgabengebiete beschrieben, welche das Unternehmen in seinem Portfolio nicht anbieten kann. In beiden Fällen hält das beschriebene „Wunderland" einer Plausibilitätsprüfung nicht stand. Dies ist dann der richtige Zeitpunkt für den Einstieg in ein Feedback-Gespräch mit dem Mitarbeiter.

Wenn Ihnen ein Mitarbeiter sagt, er würde gern in spätestens fünf Jahren Mitglied der Geschäftsleitung Ihres Unternehmens sein, aber seine Performance und Sozialkompetenz immer wieder Anlass zu Beschwerden und Kritik geben, ist das ein geeigneter Moment für ein ehrliches Feedback. Sagen Sie dem Mitarbeiter, dass sein „Wunderland" nicht realisierbar ist, und begründen Sie Ihre Haltung!

Stellen Sie sich vor, Sie sind der Geschäftsführer eines kleinen Produktionsunternehmens mit 75 Mitarbeitern. Sie stellen einem Mitarbeiter, der im Verkauf arbeitet, dort aber nach eigenen Angaben und auch aufgrund Ihrer Wahrnehmung keine Idealbesetzung ist, die „Wunderfrage". Er beschreibt Ihnen daraufhin sein ideales Arbeitsumfeld wie folgt: Er wäre gern Pressesprecher des Unternehmens, würde in dieser Funktion Pressetexte verfassen, Pressekonferenzen abhalten und Kontakt zu Journalisten und Meinungsbildnern pflegen. Nun ist es so, dass Ihr Unternehmen in einer Branche tätig ist, die kaum öffentlichkeitswirksam ist, und es daher mangels Auslastung wenig sinnvoll wäre, die Position eines Pressesprechers zu installieren.

In diesem Fall ist klar, dass der Mitarbeiter mit seinen Ambitionen im falschen Unternehmen ist. Sie sollten ihm ehrlich sagen, dass Sie nicht in der Lage sind, sein „Wunderland" zu realisieren. Sie können davon ausgehen, dass sich der Mitarbeiter über kurz oder lang vom Unternehmen trennt und in eine Firma wechselt, in welcher er seine Fähigkeiten umsetzen kann.

Fertigkeit sucht Fähigkeit

Als ich bei Magna meine Arbeit aufnahm, war ich im Human-Resources-Bereich ein klassischer Quereinsteiger. Bis dahin war ich immer in den Bereichen Vertrieb und Marketing beschäftigt, mit Human Resources hatte ich nicht wirklich zu tun gehabt. Das bedeutete auch, dass ich mit ein paar für diese Position notwendigen Fachkompetenzen nicht ausgestattet war. Der Bereich Arbeitsrecht war einer davon.

Deshalb wurde ich bei meiner Vorstellungsrunde von den HR-Verantwortlichen in den Magna-Gruppen, von denen jeder mehrere Tausend Mitarbeiter verwaltet, mit großer Skepsis empfangen: Da kommt jetzt jemand, der von diesem Geschäft aufgrund seiner beruflichen Vorbildung nicht wirklich eine Ahnung hat, war die Grundhaltung, mit der ich konfrontiert war. Daher stellte ich mich bei den einzelnen HR-Verantwortlichen des Magna-Konzerns wie folgt vor: „Mein Name ist Peter Zulehner. Ich habe eine gute und eine schlechte Nachricht gleich zu Beginn. Die schlechte Nachricht: Ich komme nicht aus dem HR-Bereich und habe in diesem Bereich nur eine limitierte Fachkompetenz. Die gute Nachricht ist: Ich bekenne mich dazu."

Ich signalisierte deutlich, dass ich ohne Konkurrenzgedanken mit Kollegen zusammenarbeiten wollte, die in dem jeweiligen fachlichen Teilbereich mehr Können besaßen und besser waren als ich. Das hat mir überall die Türen geöffnet. Hätte ich mich nicht zu diesen „fachlichen Defiziten" bekannt, wäre mein Einstieg vermutlich nicht so „rund" gelaufen und ich wäre möglicherweise schon nach kurzer Zeit gescheitert.

Gute Führungskräfte umgeben sich in Bereichen, wo sie selbst nur eine Fertigkeit haben, mit Leuten, die genau dort eine Fähigkeit besitzen. Oder wie es Lee Iacocca so treffend formulierte: „I hire people brighter than me, and then I get out of their way." Ich kenne jedoch viele Führungskräfte, die genau das vermeiden, weil sie Angst davor haben, dass so ihre Schwächen transparent werden und ihre eigenen Mitarbeiter ihnen den Rang ablaufen. Diese Vorgesetzten brauchen das Gefühl, überall die Besten zu sein – mit dem Ergebnis, dass sie so natürlich keine Aufgaben abgeben können und vor lauter Tagesgeschäft ihre Führungsaufgaben zwangsläufig vernachlässigen.

Im Normalfall ist die Angst unbegründet, dass Ihnen Mitarbeiter, die in Teilbereichen „besser" sind als Sie, „gefährlich" werden könnten. Denn Sie sind aufgrund bestimmter Fähigkeiten zur Führungskraft geworden und in den Bereichen, in denen Sie diese Fähigkeiten besitzen, haben Sie ohnehin die Nase vorn. Das zeichnet Sie aus!

Mit dem Mut, Leute in Ihr Team zu holen, die in bestimmten Bereichen „besser" sind als Sie, stellen Sie ein hohes Maß an Führungsbegabung und sozialer Kompetenz unter Beweis!

Zusammenfassung und Empfehlungen

- Nicht alle Führungskräfte kommen mit dem Talent zu führen auf die Welt. Für all jene gibt es eine gute Nachricht: Führungskompetenz kann man sich als Fertigkeit durchaus aneignen! Ein erster geeigneter Schritt dazu wäre, sich die Inhalte dieses Buchs zu verinnerlichen!
- Authentizität als wichtiges Kriterium: Achten Sie darauf, wo Ihre Mitarbeiter „in ihrem Element" sind und wo sie von sich sagen: „Das ist total meins!"
- Setzen Sie Ihre Mitarbeiter dort ein, wo sie ihre Fähigkeiten ausspielen können – das ist ein Prozess, der niemals aufhört und Kern Ihrer Führungsaufgabe ist!
- Nutzen Sie die „Wunderfrage" zur eigenen Standortbestimmung und dazu, um festzustellen, an welchem Platz im Unter-

nehmen Ihre Mitarbeiter ihre Fähigkeiten am besten ausspielen können!

- Achten Sie bei der „Wunderfrage“ auf die richtige Perspektive: Denken Sie vom „Dort“ ins „Hier“ und lassen Sie damit keine Restriktionen zu!
- Informieren Sie den Mitarbeiter ehrlich und offen, wenn sein „Wunderland“ nicht in das Unternehmen passt. Führen Sie ein Feedback-Gespräch und legen Sie die weitere Vorgehensweise fest.
- Umgeben Sie sich dort, wo Sie als Vorgesetzter „nur“ eine Fertigkeit haben, mit Leuten, die genau dort in ihrem Element sind und ihre Fähigkeiten ausspielen können!

Delegieren

Wer seiner Führungsrolle gerecht werden will,
muss genug Vernunft besitzen, um die Aufgaben
den richtigen Leuten zu übertragen, und genügend
Selbstdisziplin, um ihnen nicht ins Handwerk zu pfuschen.

Theodore Roosevelt (1858–1919), 26. Präsident der USA

Delegieren ist ein wichtiges Tool und eine weitere elementare Aufgabe einer Führungskraft. Delegieren dient einerseits dazu, Arbeit weiterzugeben, um sich auf strategische Aufgaben und Führungsarbeit zu konzentrieren. Andererseits ist das Delegieren eine Methode, Mitarbeiter zu fördern, indem sie sukzessive neue, herausfordernde Tätigkeiten übertragen bekommen, aus denen sie lernen und an denen sie wachsen können.

Vertrauen in das Potenzial und das Können seiner Mitarbeiter ist ein Eckpfeiler der Führungstätigkeit und die Grundvoraussetzung für das Delegieren von Aufgaben. Vertrauen steht gleichzeitig in unmittelbarem Zusammenhang mit „sich etwas *zu*trauen". Wenn Sie als Führungskraft einem Mitarbeiter Vertrauen schenken und ihm eine wichtige Aufgabe übertragen, setzt das voraus, dass der Mitarbeiter sich etwas zutraut und sich dann auch traut, die Aufgabe mit allen eventuell verbundenen Hürden zu erledigen. Ohne dieses Wechselspiel aus Vertrauen und Zutrauen gibt es keine Weitergabe von Aufgaben mit einem zufriedenstellenden Resultat.

Vom Prinzip her gibt es beim Delegieren zwei mögliche Richtungen: das eigentliche Delegieren (nämlich „nach unten", an die Mitarbeiter) und die Fehlprogrammierung des „Nach oben"-Delegierens. Obwohl das Delegieren „nach oben" schon dem eigentlichen Wortsinn widerspricht, ist es beinahe grotesk, wie weit verbreitet es dennoch in vielen Unternehmen ist. Der Grund dafür mag darin liegen, dass es „nach oben" meistens funktioniert – und „nach unten" leider nicht immer.

Delegieren: Aufgabe, Kompetenz, Verantwortung!

Beim Delegieren geht es darum, dass eine Führungskraft einem Mitarbeiter oder Kollegen eine Aufgabe überträgt mit der Bitte, diese zu erledigen. Beim Übertragen der Aufgabe sollten Sie sich als Führungskraft die Empfehlungen der Kapitel „Kommunikation und Information" und „Dos und Don'ts für Ihr Kommunikationsverhalten" zu Herzen nehmen. Formulieren Sie den Auftrag und Ihre Wünsche so präzise und klar wie möglich und stellen Sie sicher, dass der Mitarbeiter genau versteht, was Sie von ihm erwarten.

Delegieren verlangt klare Zielvorgaben, doch damit ist es noch nicht getan. Richtiges Delegieren besteht aus drei Komponenten:

- dem Delegieren der Aufgabe,
- dem Übertragen der Kompetenz
- und der damit verbundenen Verantwortung.

Der erste Schritt stellt in der Regel keine große Hürde dar. Ihn beherrschen Führungskräfte normalerweise perfekt. Aber bereits der zweite Schritt wird häufig vergessen. Dieser verlangt, dass zu der delegierten Aufgabe auch die Kompetenz mit übertragen wird, die notwendig ist, um die Aufgabe erledigen zu können. Im folgenden Beispiel wurde das tatsächlich vergessen:

In einem Unternehmen, in dem ich während meiner Berufslaufbahn gearbeitet habe, stand eines Tages eine Mitarbeiterin aus der Buchhaltung bei mir in der Tür. Mit ihr hatte ich sonst nur bei Jahresabschlüssen oder bei Unterschriftsleistungen zu tun. Sie war mit einem Fragebogen bewaffnet und stellte mir ungebremst Fragen, wie ich denn mit der Kantine zufrieden sei, ob die Qualität des Essens und die Preise für mich in Ordnung seien. Meine Verwunderung darüber war groß. Erstens wusste ich nichts von einer hausinternen Umfrage, zweitens wunderte ich mich darüber, dass eine Mitarbeiterin aus der Buchhaltung sich damit beschäftigte. Deshalb fragte ich nach, weshalb denn ausgerechnet sie in dieser Angelegenheit zu mir käme. Sie erklärte mir: „Ja, wissen Sie das denn noch nicht, ich habe von der Geschäftsleitung die Aufgabe erhalten, eine Kantinenausschreibung zu erstellen, da ja ein Wechsel des Kantinenbetreibers ansteht." Jetzt war ich erst recht erstaunt und fragte, weshalb ausgerechnet sie als Mitarbeiterin der Buchhaltung das erledige. Daraufhin erzählte sie mir, dass sie in ihrem letzten Job viele Jahre in der Buchhaltung eines großen Cateringunternehmens beschäftigt war und deshalb ein wenig von diesem Geschäft verstünde. Aus diesem Grund wäre sie von der Geschäftsleitung mit dieser Aufgabe betraut worden.

Sie war hoch motiviert, da diese Aufgabe eine willkommene Abwechslung zu ihrer Tätigkeit in der Buchhaltung war, und es war eine sehr gute Entscheidung, ihr diesen Job zu übertragen.

Aber natürlich fehlte von Anfang an ein ganz wesentlicher Faktor, damit die Kollegin ihre Aufgabe erfolgreich erledigen konnte: die offizielle Mitteilung der Geschäftsleitung, dass die Mitarbeiterin aus der Buchhaltung mit dieser Aufgabe und mit der Kompetenz für das Projekt Kantinenausschreibung betraut worden war.

Die Kollegin fegte bereits mit einem Fragebogen durchs Haus, noch bevor von der Geschäftsleitung bekannt gegeben worden war, dass man ihr die Aufgabe übertragen und die Kompetenz erteilt hatte, dieses Projekt zu bearbeiten.

Bei der Übertragung von Kompetenzen müssen Sie als Führungskraft die betroffenen Abteilungen oder Personen darüber informieren. Wenn Sie als Führungskraft oder Geschäftsführer mit dem Fragebogen für die Kantinenausschreibung im Haus unterwegs wären, würde sich niemand darüber wundern (höchstens vielleicht darüber, dass Sie das selbst machen). Aber sobald Sie jemand anders mit einer Ihrer Aufgaben betrauen, müssen Sie ihn mit der notwendigen Autorisierung ausstatten.

Wenn Sie an jemanden Aufgaben delegieren und ihm dazu Kompetenzen erteilen, muss oftmals auch ein entsprechendes Budget bereitgestellt werden. Schließlich braucht der Mitarbeiter die erforderlichen Mittel, um die delegierte Aufgabe erfolgreich zu erledigen.

Ich erinnere mich an ein besonders prägnantes Beispiel aus einer meiner Beratungen, in dem ebenfalls versäumt wurde, mit der Aufgabe auch die Kompetenz zu übertragen:

Einer von fünf Mitarbeitern der Forschungsabteilung wurde in der Personalabteilung vorstellig und bat um die Prämienverträge seiner vier Forschungskollegen. Die Informationen wurden ihm von der Personalabteilung natürlich prompt verweigert, da es sich um vertrauliche Daten handelte.

Daraufhin teilte der Mitarbeiter dem Leiter der Personalabteilung etwas irritiert mit: „Ja, wissen Sie denn nicht, dass ich seit Monatsbeginn der Leiter der Forschungsabteilung bin?"

Das war natürlich in doppelter Hinsicht eine sehr peinliche Situation. Auch hier wurde einem Mitarbeiter eine neue Aufgabe übertragen, aber es wurde versäumt, darüber entsprechend zu informieren und dem Mitarbeiter die notwendigen Kompetenzen einzuräumen.

In obigem Fall kam noch hinzu, dass Kunden früher über die Beförderung des Mitarbeiters zum Forschungsleiter informiert waren als die Kollegen hausintern.

Eine Aufgabe ist schnell weitergegeben. Dafür braucht es oft nur Augenblicke und damit haben Führungskräfte in der Regel keine Probleme. Wie wir an obigem Beispiel gesehen haben, bereitet das Übertragen der mit der Aufgabe verbundenen Kompetenzen schon mehr Schwierigkeiten. Noch spannender wird es, wenn es darum geht, *die ausdrückliche Verantwortung* für eine Aufgabe oder ein Projekt explizit an den Mitarbeiter zu übertragen. Sehr oft machen Führungskräfte es leider so, dass sie dem Mitarbeiter im Vorbeigehen sagen, welche Aufgabe er zu erledigen hat – und sagen ihm auch gleich, *wie* er das tun soll. An Kompetenzen und Verantwortung wird nicht gedacht, während das *Wie* mehr Beachtung findet als notwendig. Denn dafür ist Delegieren ja gedacht. Der Mitarbeiter sollte die Wahl haben, die Aufgabe so durchzuführen, wie er es für richtig hält. Definieren Sie das Ziel, nicht aber den Weg!

„Houston, wir haben ein Problem!"

(Funkspruch von der Apollo 13 durch Commander James Lovell im April 1970)

Über 300.000 Kilometer von der Erde entfernt, also schon recht weit auf dem Weg zum Mond, explodierte einer der beiden Sauerstofftanks der Raumfähre Apollo 13. Kurze Zeit später folgte der legendäre Funkspruch von Commander Lovell, der im Original-Ton „Houston, we've had a problem!" an die NASA-Zentrale meldete.

Ich frage mich oft, ob sich einer der Wissenschafter im Kontrollzentrum nicht insgeheim gedacht hat: „Und was soll ich jetzt von hier aus machen?!" Oder: „Wie soll Houston da wohl helfen?"

In diesem Fall wurde zwar im wahrsten Sinn des Wortes *von oben* versucht, zu delegieren, aber für mich ist dieser Funkspruch trotzdem ein Synonym geworden für die leidige „Fehlschaltung" mancher Mitarbeiter, Dinge „nach oben" zu delegieren.

Aus meiner Berufserfahrung und meinen Vorträgen weiß ich, dass das Delegieren „nach oben" ein weitverbreitetes Phänomen ist. Um noch einmal die Begrifflichkeit zu strapazieren: Die Unterscheidung zwischen Delegieren „nach oben" und dem Delegieren „nach unten" existiert gar nicht. Der Begriff „delegieren" lässt in seiner Bedeutung und Herkunft die Idee von „delegieren nach oben" gar nicht zu. Denn *de-* heißt immer „herunter", siehe auch: demontieren, decodieren und so weiter.

Sie sollten daher rigoros und konsequent darauf achten, dass dieses Delegieren „nach oben" in Ihrem betrieblichen Alltag nicht zu einer „schlüssigen Handlung" wird, wie es die Anwälte formulieren. Andernfalls werden Ihre Mitarbeiter eine plötzliche Abwehrhaltung Ihrerseits nicht verstehen, wo es doch in der Vergangenheit immer so gut funktioniert hat und Sie bereitwillig Aufgaben angenommen haben, die Ihre Mitarbeiter an Sie abgetreten haben.

Sehr oft hängt dieses Verhalten damit zusammen, dass der Mitarbeiter nicht mit der notwendigen Kompetenz für die Aufgabe ausgestattet wurde, deshalb Widerstand erfährt und schlichtweg „keine Lust" mehr auf den Job hat, den Sie ihm aufgebrummt haben. Also zeigt Ihnen der Mitarbeiter auf, dass er festsitzt und dass Sie aufgrund Ihrer weitreichenden Kompetenz sich viel leichter tun, den Job selbst zu erledigen – schon ist es passiert und Sie haben die Aufgabe postwendend wieder auf Ihrem Schreibtisch!

In vielen Fällen hat das Delegieren „nach oben" aber auch mit der Angst zu tun, Verantwortung zu übernehmen. Oder dem Mitarbeiter ist die Aufgabe nicht ganz klar. Um keinen Fehler zu machen, spielt der Mitarbeiter den Ball wieder zurück nach oben, in der Hoffnung, dass der Vorgesetzte die Aufgabe selbst erledigt oder zum überwiegenden Teil durchführt, sodass am Mitarbeiter nur noch jener Part hängen bleibt, der nicht mit Verantwortung belastet ist.

Zurück-Delegieren – und warum es so gut „funktioniert“

Stufe 1 : „Herr Bacher, wir haben da ein Problem!“

Das kommt Ihnen bekannt vor? Mit diesem Satz ist der Mitarbeiter bereits zu Ihnen vorgedrungen. Und nachdem der Gesichtsausdruck Ihres Mitarbeiters nichts Gutes verkündet, fragen Sie natürlich nach: „Was gibt es denn?“ Und schon haben Sie zu allen anderen Aufgaben auf Ihrem Schreibtisch eine neue „dazugewonnen“! Denn der Mitarbeiter beginnt nun, Ihnen das Übel im Detail darzulegen, und zwar in den meisten Fällen, ohne Lösungsmöglichkeiten aufzuzeigen. Er schildert Ihnen das Problem in all seinen Facetten.

Nachdem sich dieses Spiel mehrmals wiederholt hat, wird es Ihnen als Führungskraft irgendwann zu dumm und Sie weisen Ihren Mitarbeiter darauf hin: „Ich möchte nicht immer von Problemen hören, sondern würde gern über Lösungen sprechen!“ Damit versuchen Sie, Ihren Mitarbeiter davon abzuhalten, das Problem an Sie zu delegieren, und ihn anzuhalten, aus eigenem Antrieb Lösungen zu finden.

Stufe 2: „Herr Bacher, haben Sie eine Minute für mich?“

Der Mitarbeiter hat schon mitbekommen, dass er eine harte Nuss zu knacken hat und bei Ihnen auf Widerstand stoßen wird, wenn er noch einmal versucht, ein Problem auf Sie abzuwälzen. Daher geht er in Stufe 2 dieses Prozederes und vermeidet bewusst das Wort „Problem“, was in der Praxis so aussehen könnte:

Es klopft an der Tür, der Mitarbeiter steckt den Kopf herein und sagt: „Herr Bacher, haben Sie eine Minute Zeit für mich?“

Im Übrigen: Die ganz Gewieften unter den Mitarbeitern machen das bevorzugt, wenn Sie gerade mitten in einem Meeting sind. Denn da gibt es für Sie als Führungskraft die Gelegenheit zur Demonstration Ihrer „Volksnähe“ und außerdem sind Sie möglicherweise froh um eine kurze außerordentliche „Pause“.

Sie sagen also: „Ja, klar, was gibt es denn?“

Und jetzt braucht der Mitarbeiter tatsächlich nicht länger als die eine Minute, um das Problem bei Ihnen abzuladen. Fazit: Eine Stunde (oder mehr, wie auch immer, ich bin der Ansicht, bereits zehn Minuten sind zu viel) Mehraufwand für die Lösung einer Aufgabe, die Sie ursprünglich an Ihren Mitarbeiter delegiert hatten.

Wir lernen alle dazu und so reagieren Sie künftig deutlich unwirsch, wenn der Mitarbeiter bei Ihnen vorspricht: „Haben Sie eine Minute Zeit für mich?“ Antworten Sie: „Nein, die habe ich im Moment nicht. Und übrigens: Wenn es um ein Problem geht, möchte ich gern Lösungsansätze sehen!“

Stufe 3: „Haben Sie schon gehört?“

Der Mitarbeiter geht den nächsten Schritt, passt sich also den veränderten Umständen an, und „stellt“ Sie auf dem Weg zu einem Meeting. Er weiß, dass Sie am Montag um 10 Uhr bei der Führungskräftebesprechung sind, und hält sich wie zufällig fünf Minuten vor Besprechungsbeginn im Bereich vor Ihrer Bürotür auf. Sie verlassen das Büro, er passt Sie ab und sagt ganz nebenbei zu Ihnen: „Haben Sie schon gehört ...?“ Sein Gesichtsausdruck kommt Ihnen aus Stufe 1 bekannt vor und als gewissenhafte Führungskraft fragen Sie natürlich nach: „Was ist denn passiert?“ Der Mitarbeiter berichtet: „Die italienischen LKW-Fahrer streiken, wir bekommen unsere Lieferung nicht rechtzeitig ...“

Und wieder ist das Problem bei Ihnen und Sie beginnen noch auf dem Weg zur Besprechung mit dem ersten Telefonat, um das Problem einer Lösung zuzuführen. Sie, wohlgemerkt, nicht Ihr Mitarbeiter!

So retten Sie sich vor den Zurück-Delegierern

Sie werden sich nun fragen, wie Sie diese Untugend abstellen können. Dazu gebe ich Ihnen ein Werkzeug an die Hand, das von Dale Carnegie stammt. Viele von Ihnen kennen sein Buch: „Sorge Dich nicht, lebe!“

Auf den ersten Blick mag die nun folgende Maßnahme etwas drastisch, bürokratisch und ein bisschen unpraktikabel und gewöhnungsbedürftig erscheinen. Aber ich darf Ihnen versichern: Gerade deshalb funktioniert sie so tadellos! Ich habe sie selbst mit großem Erfolg angewendet, und wann immer ich mit einem Fall von Zurück-Delegieren konfrontiert bin, zaubere ich sie hervor:

Bestehen Sie darauf, dass der Mitarbeiter, der Sie mit einem Problem konfrontiert, dieses vorab schriftlich darstellt. Idealerweise bringt er das in einem Fünfzeiler unter, keinesfalls sollten Sie mehr als eine A4-Seite („One-Pager“) akzeptieren!

Bitten Sie den Mitarbeiter, unter der Schilderung des Problems drei Lösungsmöglichkeiten darzustellen. In dem Meeting, in welchem er das Problem mit Ihnen erörtern möchte, bitten Sie ihn schließlich, die von ihm bevorzugte Lösungsvariante zu erklären und seine Entscheidung zu begründen.

Ich garantiere, dass Sie mit Sicherheit Ihren Problemstau um wenigstens 50 Prozent bereinigen, da Folgendes passieren wird: Wenn der Mitarbeiter angehalten wird, das Problem schriftlich darzustellen und Lösungsvorschläge zu unterbreiten, wird er im Normalfall schnell feststellen, dass er Sie zur Problemlösung gar nicht braucht. Ist das nicht der Fall, haben Sie trotzdem die Garantie, dass Sie die Problemlösung gemeinsam mit Ihrem Mitarbeiter rasch bewerkstelligen werden, da Sie bereits Vorschläge dafür auf dem Tisch haben. Das bedarf einer gewissen Disziplin von Ihnen als Führungskraft, keine Frage. Aber ich praktiziere dieses Modell immer wieder mit großem Erfolg. Und ich erhalte immer wieder

Zuschriften und Rückmeldungen von Zuhörern aus meinen Vorträgen, die mir bestätigen: „Das funktioniert perfekt, ich hätte das nie gedacht."

Zurück-Delegieren ist eine sehr teure Variante der Problemlösung. Schon allein deshalb sollten Sie als Führungskraft für Abläufe in Ihrem Verantwortungsbereich sorgen, die dies verhindern.

Übrigens: Grumman Aerospace Corporation, der Konstrukteur der Mondfähre, stellte North American Rockwell (die für den technischen Defekt der Apollo 13 verantwortlich waren) eine Rechnung von 312.421,24 Dollar über „Abschleppgebühren" aus, da die Mondfähre das angeschlagene Raumschiff Apollo 13 fast den ganzen Weg zum Mond und zurück schleppen musste.

Zusammenfassung und Empfehlungen

- Delegieren ist eine Methode, Mitarbeiter zu fördern und zu fordern, ihnen Aufgaben zu übertragen, die sie herausfordern und an denen sie wachsen können!
- Delegieren ist *kein* Abschieben von unliebsamen Tätigkeiten – lassen Sie sich als Führungskraft nicht dazu hinreißen, Ihre Machtposition auszunutzen!
- Die erfolgreiche Weitergabe von Aufgaben setzt ein Wechselspiel aus Vertrauen und Zutrauen voraus!
- Achten Sie beim Delegieren darauf, dass Sie neben der Aufgabe auch die Kompetenz und die Verantwortung übertragen!
- Bestimmen Sie das Ziel und nicht den Weg. Lassen Sie Ihre Mitarbeiter selbst entscheiden, wie sie eine Aufgabe lösen!
- Seien Sie achtsam, dass das Phänomen des „Zurück-Delegierens" in Ihrem Unternehmen nicht um sich greift!
- Wehren Sie sich gegen Zurück-Delegierer: Lassen Sie sie das Problem inklusive dreier Lösungsansätze zu Papier bringen!

Entscheidungen treffen – Navigieren im Auge des Taifuns

Der Tag brach an und der Hirte trieb seine Schafe in Richtung Sonnenaufgang. „Die brauchen nie selber eine Entscheidung zu fällen“, dachte er. „Vielleicht sind sie deshalb so anhänglich.“

Paulo Coelho

Entschlussfreudigkeit und die Fähigkeit, Entscheidungen zu treffen, sind wichtige Schlüsselqualifikationen im heutigen Berufsleben. Scharfsinn, Logik und ein gutes Urteilsvermögen sowie gesunder Menschenverstand und Weitsicht bei gleichzeitiger Bodenhaftung helfen dabei, richtige Entscheidungen zu treffen.

Viele Führungskräfte schieben Entscheidungen vor sich her und warten darauf, dass die Probleme sich von allein lösen. Das mag zum einen an der Führungskraft selbst liegen. Zum anderen liegt es an der Tatsache, dass sich der Berufsalltag in den letzten Jahren derartig rasant verändert hat, dass man jene 100 Prozent der Fakten, die man gern hätte, um die Entscheidung zu treffen, heute einfach nicht mehr zu fassen bekommt.

Wenn es eine Entscheidung zu treffen gab, egal in welcher Größenordnung, war es bis vor rund 20 Jahren so, dass man zuallererst versuchte, alle Fakten zusammenzutragen. Dabei galt häufig die 80:20-Regel (Pareto-Prinzip), derzufolge das Zusammentragen der letzten 20 Prozent an ausstehenden Fakten rund 80 Prozent des Aufwands bedeutet. Deshalb wurde meist darauf verzichtet und man entschied auf Basis von 80 Prozent vorhandener Fakten.

Dies wird jedoch zunehmend schwieriger, da sich unser Berufsalltag und unsere Berufswelt aufgrund der elektronischen Medien derartig beschleunigt und dynamisiert haben, dass sich die Faktenlage ununterbrochen ändert. Während der Wirtschaftskrise im Jahre 2008/09 war das deutlich zu beobachten. Die zusammenbrechenden Finanzmärkte haben eine Faktenlage kreiert, die tatsächlich mit einem Taifun zu vergleichen ist, in welchem sich alles mit 200 Stundenkilometern bewegt.

Es ist mittlerweile auch nicht mehr möglich, 80 Prozent aller eventuell verfügbaren und notwendigen Fakten als Basis für die Entscheidungsfindung zusammenzutragen. Ich habe eher das Gefühl, es sind heute kaum noch mehr als 50 Prozent, die man zu fassen kriegt.

Die Entscheidungsträger sind deshalb im Laufe der Zeit dazu übergegangen, die jeweils vorliegende Faktenlage mit ihrer Intuition zu paaren und darauf basierend eine Entscheidung zu treffen. Dieser Vorgang geht häufig aber noch sehr unstrukturiert vonstatten. Meines Erachtens deshalb, weil Intuition und Gefühle keinem gedanklich strukturierten Prozess zuzuordnen sind. Intuition kommt zwar von innen, wird aber durch die Summe der Wahrnehmungen von außen beeinflusst – im Gegensatz zu Zahlen, Daten und Fakten. Es kommt nicht gut an, wenn Sie als Führungskraft sagen: „Ich hatte da so ein Bauchgefühl und deswegen habe ich das so entschieden!“ Da klingt doch „Aufgrund der vorliegenden Zahlen habe ich so entschieden!“ nach viel mehr Entscheidungskompetenz.

Ich selbst war jahrelang auf der Suche nach einer Methode, Entscheidungen zu treffen, die sowohl die vorhandene Faktenlage berücksichtigen als auch mein Bauchgefühl.

Vor ein paar Jahren lernte ich schließlich einen amerikanischen Psychotherapeuten kennen, der lange Zeit mit tibetanischen Mönchen und in allen Ecken der Welt mit unberührten Volksstämmen zusammengelebt hatte. Er versuchte, das Thema Intuition durchschaubar, planbar und „erfassbar“ zu machen. Von ihm habe ich die Basis für meinen Zugang zur Entscheidungsfindung.

Wenn Sie ein gewisses Quantum an Fakten zusammengetragen haben, das Sie für Ihre Entscheidung benötigen, empfehle ich Ihnen einen

„geordneten Rückzug". Sie werden sagen: „Aber es kommen ja jede Minute neue Informationen hinzu!" Ich meine: Gerade deshalb müssen Sie sich zurückziehen. Sie haben alle Informationen, die Ihnen im Moment zur Verfügung stehen und die ausreichen müssen, um eine Entscheidung zu treffen. Andernfalls werden Sie kontinuierlich mit neuen Fakten überschwemmt und kommen zu keinem geordneten Bild.

Wenn Ihre Entscheidung zum Beispiel von Aktien und Wechselkursen abhängt und/oder die Markt- und Konkurrenzsituation einer extremen Dynamik unterliegt (wie beispielsweise in der Mobilfunkbranche) und/oder es gleichzeitig auch noch politische Einflüsse zu berücksichtigen gibt (wie zum Beispiel bei der im Herbst 2009 geplanten Opel-Übernahme durch Magna), werden Sie zu keiner „finalen" Faktenlage kommen, anhand derer Sie entscheiden können. Diese sich ständig ändernde Faktenlage findet sich nicht nur in großen wirtschaftlichen Zusammenhängen, sondern auch im wirtschaftlichen Mikrokosmos wieder.

Soll ein Kleinbetrieb weiter einen Jahresauftrag bei einem Lieferanten platzieren, der zwar mit Abstand das kostengünstigste Produkt hat, finanziell aber angeschlagen ist? Wird der Lieferant durch seine Hausbank weiter unterstützt oder geht er in Konkurs? Wird er eventuell von einem anderen Unternehmen übernommen? Die Fragen könnten beliebig fortgesetzt werden.

Deshalb wird der Zeitpunkt, an dem Sie alle – wirklich alle – Fakten zur Verfügung haben, nicht kommen.

Koppeln Sie sich daher bewusst von einer weiteren Fakten- und Informationsflut ab und schauen Sie nicht ständig nach, was „draußen" los ist. Stellen Sie sich bildlich vor, wie Sie sich in das Auge des Taifuns, dorthin, wo es weitgehend windstill ist, zurückziehen, wie Ruhe einkehrt, wie Sie innehalten und durchatmen.

Und nun stellen Sie sich drei Fragen:

Sieht das gut aus?

Kreieren Sie vor Ihrem geistigen Auge ein Bild von der Situation, über die Sie entscheiden sollen. Stellen Sie sich vor, Sie treffen aufgrund der derzeitigen Faktenlage eine bestimmte Entscheidung – und schauen Sie sich dabei aus der Vogelperspektive selbst zu:

- Wie sieht das Bild in der Summe für Sie aus?
- Ist das eine insgesamt gute Lösung?
- Sind Sie damit wirklich einverstanden?
- Können damit alle gut leben?

Beantworten Sie die Frage „Sieht das gut aus?" für sich mit einem Ja oder Nein.

Hört es sich gut an?

Stellen Sie sich vor, Sie haben die Entscheidung getroffen und jemand anders erzählt Ihnen von Ihrer eigenen Entscheidung.

Denken Sie zum Beispiel an einen Ihrer Mitarbeiter, der zu Ihnen kommt und so, als wären Sie ein Fremder – zu Ihnen sagt: „Haben Sie schon gehört, Herr XY (Sie selbst) hat in dieser Sache so entschieden."

- Wie hört sich das für Sie an?
- Können Sie die Entscheidung nachvollziehen oder löst sie Irritation bei Ihnen aus?
- Wie hört es sich an, wenn andere über Ihre Entscheidung sprechen?
- Welchen Klang haben die Formulierungen Ihres Mitarbeiters in Ihrem Ohr?

Beantworten Sie die Frage „Hört es sich gut an?" mit einem Ja oder Nein.

Fühle ich mich wohl dabei?

Hier geht es um das „Bauchgefühl“:

- Signalisiert Ihr Bauch Zufriedenheit, sobald Sie besagte Entscheidung getroffen haben?
- Oder haben Sie „Bauchweh“ dabei, können aber gar nicht konkret beschreiben, warum und woher es kommen könnte?

Beantworten Sie die Frage „Fühle ich mich wohl dabei?“ mit einem Ja oder Nein.

Verknüpfung von Intuition und Fakten

Sie haben alle drei Fragen mit „Ja“ beantwortet? Gratulation! Denn dann, und nur dann, treffen Sie eine Entscheidung, die richtig und authentisch ist und die Sie nicht bereuen werden.

Haben Sie nur bei einer der drei Fragen ein zögerndes Ja antworten können oder mussten Sie sich sogar ein Nein eingestehen, dann sollten Sie davon ausgehen, dass die Entscheidung nicht die richtige ist! Das wäre dann eine typische Ausgangssituation für eine falsche Entscheidung, über die Sie sich im Nachhinein ärgern und sagen werden: „Eigentlich habe ich es ohnehin gewusst ...“

Stellen Sie sich vor, Sie sind mit Ihrem Unternehmen in der Wintersportartikelbranche tätig und stehen vor der Entscheidung, ein Unternehmen zu kaufen. Es handelt sich um einen Mitbewerber, dessen Produktpalette die Ihre perfekt ergänzen würde. Sie könnten mit diesem Erwerb Ihren Umsatz um 40 Prozent steigern und hätten auch eine Distribution in Märkten und Vertriebskanälen, in denen Sie bis jetzt nicht vertreten waren. Sie lassen alle verfügbaren Fakten zusammentragen und führen eine Due Diligence durch.

Über gewisse Parameter stehen Ihnen nur sehr vage Informationen zur Verfügung. So wissen Sie zum Beispiel nur wenig über die Zukunftsperspektiven dieses Geschäftszweiges. Diese sind aufgrund der permanenten wirtschaftlichen Veränderungen und der zuletzt beobachteten wärmer und damit schneeärmer werdenden Winter nicht mehr so einfach und präzise abzuschätzen, wie das früher der Fall war. Gleichzeitig wäre diese Übernahme für Ihr Unternehmen ein finanzielles Risiko und im Falle eines Scheiterns würde für beide Unternehmen Konkursgefahr bestehen.

Sie sind also mit dem einen oder anderen großen Fragezeichen in Ihrer Entscheidung konfrontiert. Ziehen Sie sich nun mit allen Informationen, die Sie zur Verfügung haben, zurück und stellen Sie sich die drei Fragen:

- *Sieht das gut aus?* Begeben Sie sich in die Vogelperspektive und schauen Sie sich selbst dabei zu, wie Sie diesen Betrieb kaufen. Ist das ein Bild, das Ihnen gefällt? Sehen Sie vor sich, wie die beiden Unternehmen zusammenwachsen, sich perfekt ergänzen und als dynamisches Ganzes erfolgreicher sind, als Sie das zu hoffen gewagt haben? Oder sehen Sie, dass sich die Fusion aufgrund gänzlich unterschiedlicher Unternehmenskulturen und der Vorbehalte der Mitarbeiter auf beiden Seiten enorm schwierig gestaltet?
- *Hört sich das gut an?* Stellen Sie sich vor, Ihre Mitarbeiter unterhalten sich darüber, dass Sie Ihren Mitbewerber gekauft haben, und Sie hören bei dem Gespräch unbemerkt zu. Worüber sprechen Ihre Mitarbeiter? Wie klingt das für Sie? Finden die Mitarbeiter Ihre Entscheidung gut? Respektieren die anderen Ihren unternehmerischen Mut oder befürchten alle, dass Sie sich finanziell übernehmen? Sind das vielleicht insgeheim auch Ihre eigenen Befürchtungen?
- *Fühlen Sie sich wohl dabei?* Stellen Sie sich vor, der Mitbewerber gehört nun Ihnen. Welches Bauchgefühl haben Sie bei diesem Gedanken? Steht die Finanzierung auf soliden Beinen und befürworten alle Beteiligten Ihre Entscheidung? Sind die Fragezeichen zu

viele und zu groß, sodass Sie schon „Bauchweh" haben, wenn Sie nur daran denken? Überwiegen die Chancen ganz deutlich und sind die Risiken so weit abschätzbar, dass auch bei einem Scheitern keinem der Unternehmen größerer Schaden entsteht? Wie geht es Ihnen bei diesen Überlegungen?

Führen Sie die drei Antworten auf diese Fragen zusammen und entscheiden Sie sich nur dann für die Übernahme, wenn Sie auf alle drei Fragen mit einem klaren „Ja" antworten können!

Es gab in der Vergangenheit im europäischen Wirtschaftsraum eine Menge Fehlentscheidungen für Zukäufe und Übernahmen. Sehr häufig waren es Entscheidungen, die vermutlich anders ausgefallen wären, hätten sich die Entscheidungsträger in einer ruhigen Stunde zusätzlich zur Faktenlage obige drei Fragen gestellt.

Nehmen Sie an, Sie rekrutieren einen Produktionsleiter. Sie haben Herrn Huber vor sich, sein Lebenslauf und seine Gehaltsvorstellungen sind bekannt. Aber er entspricht insofern nicht ganz der Idealbesetzung, als er sich, wie sich beim Interview herauskristallisiert, „zu Höherem" berufen fühlt. Aufgrund seiner leicht cholerischen Tendenzen wäre er wahrscheinlich für seine Mannschaft „schwer zu nehmen" und gewöhnungsbedürftig. Dazu kommt noch, dass er mit der von ihm angestrebten Vergütung Ihr Gehaltsschema für diese Position sprengen würde. Aber aus Sicht seiner Fachkompetenz, seiner beruflichen Erfolge und Referenzen und aller Informationen, die Sie sonst noch zusammengetragen haben, ist er Ihr Mann.

Arbeiten Sie mit den drei Fragen:

- *Sieht das gut aus?* Sie entscheiden, Herrn Huber einzustellen. Sie haben das Bild vor Augen, wie Sie mit ihm an seinem ersten Arbeitstag durch die Produktion gehen und ihm die wichtigsten Abteilungsleiter vorstellen. Wie sieht das aus der Vogelperspektive für Sie aus? Gehen alle offen auf ihn zu? Kommt er bei seiner neuen Mannschaft gut an oder spüren Sie Reserviertheit, da ihm sein Ruf als Choleriker schon vorauseilt?

- *Hört es sich gut an?* Verändern Sie Ihre Kameraposition und stellen Sie sich vor, jemand aus Ihrer Branche berichtet der Person in Ihrer Position davon, dass Herr Huber in Ihrem Unternehmen als Produktionsleiter eingestellt wurde. Wie klingt das für die Person an Ihrer Stelle? Hört sich das gut an? Oder würden Sie sich fragen: „Wie kam es nur zu dieser Entscheidung, der passt ja überhaupt nicht zum Unternehmen ...“?
- *Fühle ich mich wohl dabei?* Und zu guter Letzt: Was macht Ihr Bauchgefühl? Reicht die Fachkompetenz von Herrn Huber aus, um sich für seine Einstellung zu entscheiden? Sollten Sie darüber hinwegsehen, dass er mit seiner Vergütung Ihr Budget für diese Position sprengt, nur weil er so gute Referenzen hat? Fühlen Sie sich wohl dabei, wenn Sie ihn unter diesen Gesichtspunkten trotzdem einstellen? Sagen Sie sich etwa: „Ja, er ist ein toller Mann, aber teuer ist er schon ...“

Hier haben Sie schon Ihre Antwort, denn „Ja, aber ...“ heißt bekanntlich „Nein“! Und wir alle wissen, dass Gehälter meist trotz aller Geheimhaltungsversuche bekannt werden. Der neue Mann kann fachlich gesehen der Beste der ganzen Branche sein. Wenn er Ihnen aber mit seiner Vergütung das gesamte Gehaltsschema aus den Angeln hebt und andere dadurch frustriert und unzufrieden sind, ist damit niemandem gedient und Sie sollten daher von einer Einstellung Abstand nehmen.

Analysieren Sie die Parameter, die für Sie nicht gut aussehen, die nicht gut klingen und bei denen Sie sich nicht wohlfühlen.

Wenn Sie allerdings drei eindeutige Ja-Antworten geben können: Stellen Sie ihn ein, er ist der richtige Mann für diese Position.

Ich selbst treffe so gut wie alle meine Geschäftsentscheidungen anhand dieser Methode: Ich ziehe mich mit den vorhandenen Fakten zurück und führe die Faktenlage mit diesen drei intuitiven Fragen zusammen, um dann eine Entscheidung zu treffen – damit habe ich nur beste Erfahrungen gemacht.

Auch Frank Stronach habe ich bei meinem ersten Vorstellungsgespräch geraten, sich diese drei Fragen zu stellen. Ich bat ihn, mich nur dann einzustellen, wenn es für ihn gut aussieht, sich gut anhört und er sich wohlfühlt dabei, dass ich der neue Vice President Human Resources der Magna Europa werde.

Auch meine Mitarbeiter konfrontieren mich bisweilen mit diesen Fragestellungen, indem sie zu mir kommen und fragen: „Wie sieht es denn für Sie aus?“ Und: „Hört sich das gut an für Sie?“ Und: „Fühlen Sie sich wohl dabei?“

Zusammenfassung und Empfehlungen

- Bleiben Sie nicht zu lange draußen im Wind, wo sich die Faktenlage mit 200 Stundenkilometern auf Sie zu- und an Ihnen vorbeibewegt!
- Ziehen Sie sich in das Auge des Taifuns zurück – Sie werden niemals 100 Prozent der Fakten für eine Entscheidung vorliegen haben.
- Uns stehen nur Fakten aus der Vergangenheit und aus der Gegenwart zur Verfügung – warten Sie nicht auf Informationen „aus der Zukunft“.
- Lassen Sie bei Entscheidungen Ihre Intuition zu Wort kommen und fragen Sie: Sieht das gut aus? Hört sich das gut an? Fühle ich mich wohl dabei?

Wrap up – Die großen Drei

Führen ist eine Kunst, ein Abenteuer und eine Leidenschaft zugleich!

Peter Zulehner

1. Schaffen Sie Transparenz durch Information und klare Kommunikation!
   - Sobald Transparenz entsteht, kann sich Motivation entwickeln.
   - Je besser es Unternehmen/Führungskräfte schaffen, klar, deutlich und umfassend zu informieren und zu kommunizieren, umso besser werden die Ergebnisse sein.

2. Setzen Sie Mitarbeiter gemäß ihren Stärken, Talenten und Fähigkeiten ein und vertrauen Sie bei Entscheidungen auf Ihre Intuition!
   - Es entsteht eine unglaubliche Motivation, wenn Menschen das tun dürfen, was sie gern und gut leisten können – das bedeutet für sie Authentizität.
   - Fällen Sie Entscheidungen nicht nur aufgrund der Faktenlage, sondern vertrauen Sie auch Ihrer Intuition!

3. Schaffen Sie Vertrauen durch Glaubwürdigkeit und Wertschätzung!
   - Gehen Sie mit Ihren Mitarbeitern so um, wie Sie möchten, dass man mit Ihnen umgeht!
   - Walk the talk: Leben Sie vor, was Sie predigen beziehungsweise von Ihren Mitarbeitern erwarten!

In wirtschaftlich angespannten Zeiten ist es oft schwer, ruhiges und souveränes Führungsverhalten an den Tag zu legen. Die Unternehmensergebnisse sinken, Aktienkurse stürzen ins Bodenlose, Umsätze gehen zurück. All das führt oft zu Kündigungen einzelner Mitarbeiter und Führungskräfte beziehungsweise zu Massenentlassungen.

In solchen Zeiten hat man als Führungskraft nicht viel Positives zu berichten und steht häufig vor unangenehmen und unpopulären Entscheidungen.

Für Ihre innere Haltung als Führungskraft in schwierigen Zeiten möchte ich Ihnen einen Spruch von Johann Wolfgang von Goethe ans Herz legen, der da lautet:

Du kannst nicht immer Held sein –
aber du kannst immer Mensch sein!

Danksagung

Man muss Menschen mögen, um gute Führungsarbeit zu leisten.

Ein Buch zu schreiben, schafft man nicht alleine. Dazu braucht man Menschen, die in verschiedenster Weise zum Gelingen dieses Projektes beigetragen haben.

Ich bedanke mich bei allen Kollegen, Mitarbeitern und Vorgesetzten, mit denen oder an deren Seite ich arbeiten durfte. Sie haben mir durch ihr Tun und ihre Vorbildwirkung zu jenen Beispielen und Erlebnissen verholfen, entlang derer ich dieses Buch geschrieben habe.

Mein aufrichtiger Dank gilt auch jenen Menschen, die mich ermuntert haben, dieses Buch zu schreiben und mir in der Entstehungsphase durch ihr begleitendes Mitlesen wertvolle Feedbackgeber waren.

Ausgangspunkt für dieses Buch waren 30 Powerpoint-Folien aus einem meiner Vorträge sowie unzählige Gedanken, Erlebnisse, Begebenheiten und Erfahrungen aus meiner beruflichen Tätigkeit. Diese in Worte, Sätze und Kapitel zu fassen, war Aufgabe von Martina Paischer. Sie hat mich schon in früheren Jahren über einen langen Zeitraum als Mitarbeiterin begleitet und kennt daher einen Großteil meiner beruflichen Gedanken- und Erlebniswelt. Bei ihr bedanke ich mich für die harmonische Zusammenarbeit und das Hinterfragen meiner Gedanken, Aussagen und Überlegungen, welche in dieses Buch einfließen.

Weiters bedanke ich mich bei meiner Lektorin Monika Spinner-Schuch. Sie steuerte viele Anregungen, Ideen und Verbesserungsvorschläge bei. In einem perfekten Mix aus Fordern, Fördern und Feedback hat sie wesentlich zur Qualität und Aussagekraft dieses Buches beigetragen. Last but not least möchte ich mich bei allen Leserinnen und Lesern bedanken, die die eine oder andere Anregung zur Anwendung bringen und damit einen Beitrag dazu leisten, dass die Führungsarbeit in unserem Wirtschaftsleben und täglichen Miteinander menschlicher und wertschätzender wird.

Peter Zulehner Wien, November 2009

Über den Autor

Mag. Peter Zulehner ist Österreicher, Jahrgang 1955, und hat an der Wirtschaftsuniversität Wien Handelswissenschaften studiert. Er blickt auf eine 30-jährige Berufslaufbahn in Top-Management-Positionen zurück und gilt als einer der führenden Experten für Sozialkompetenz-Themen (Kommunikation, Führung, Konfliktmanagement und Unternehmenskultur) im deutschsprachigen Raum. Zuletzt hatte er als Vice President Human Resources der Magna International Europe AG die Verantwortung für 32.000 Mitarbeiter in 12 verschiedenen Ländern an 100 verschiedenen Standorten. Als zertifizierter und beim Bundesministerium für Justiz eingetragener Wirtschaftsmediator und High-Performance-Coach kennt Peter Zulehner die fachlichen und emotionalen Anforderungen an Führungskräfte, er weiß um die Parameter für Leadership und kennt die Verhaltensweisen und Methoden, die jemanden zu einer guten Führungskraft machen.

Peter Zulehner hat sich neben seiner Tätigkeit als Lehrbeauftragter an der Technischen Universität Graz als Vortragender zu Themen der Unternehmenskultur („Die Mitarbeiter sind unser wichtigstes Kapital“, „Die Herausforderung an Klein- und Mittelbetriebe bei der Expansion in den Osten“), des Konfliktmanagements („Wenn am Arbeitsplatz die Fetzen fliegen“) und des Führungs- und Kommunikationsverhaltens („Navigieren im Auge des Taifuns“) im In- und Ausland einen Namen gemacht.

In Zeiten, in denen der Ruf nach Einfachheit, Überschaubarkeit, Ehrlichkeit und Entschleunigung immer lauter wird, beschreibt Peter Zulehner in seinem Buch den aktuellen Führungsalltag, indem er seinen persönlichen Erfahrungs- und Wissensschatz weitergibt und dabei nie die Umsetzbarkeit für den Leser aus den Augen verliert.

Stichwortverzeichnis